Da palavra

[Vākyapadīya]

BHARTṚHARI

Da palavra
[Vākyapadīya]

Livro I
Suma da tradição

Tradução

Adriano Aprigliano

editora
unesp

Título original: *Vākyapadīya*

Direitos de publicação reservados à:
Fundação Editora da Unesp (FEU)
Praça da Sé, 108
01001-900 – São Paulo – SP
Tel.: (0xx11) 3242-7171
Fax: (0xx11) 3242-7172
www.editoraunesp.com.br
www.livrariaunesp.com.br
feu@editora.unesp.br

CIP-Brasil. Catalogação na publicação
Sindicato Nacional dos Editores de Livros, RJ

B469d

Bhartṛhari
Da palavra [*Vākyapadīya*]: livro I – suma da tradição / Bhartṛhari; tradução Adriano Aprigliano – 1.ed. – São Paulo: Editora Unesp, 2014.

Tradução de: *Vākyapadīya*
ISBN 978-85-393-0494-3

1. Línguas indo-europeias – Etimologia. 2. Sânscrito – Gramática. I. Título.

13-05208 CDD: 412
CDU: 412

Editora afiliada:

Asociación de Editoriales Universitarias de América Latina y el Caribe

Associação Brasileira de Editoras Universitárias

Para
Teca Peteca e Papa Cesar;
Cris, Bibi e Su;
e Lorena

In memoriam
Moysés Floriano Machado Filho
"*... gemina teguntur lumina nocte*", já não mais...

Agradecimentos

Este livro reproduz, com inúmeras alterações e, creio eu, melhorias – com a permanência também de muitas perplexidades – a tradução que apresentei em minha tese de doutorado, *O conhecimento da linguagem como herdado pela tradição gramatical indiana: a primeira seção do Vākyapadīya de Bhartṛhari*, defendida em 2011 no Programa de Pós-Graduação em Semiótica e Linguística Geral do Departamento de Linguística da Faculdade de Filosofia, Letras e Ciências Humanas da Universidade de São Paulo. Registro aqui meus agradecimentos e deferência à instituição pública em que tenho seguido o curso de minha formação na graduação, iniciação científica, mestrado, doutorado e pós-doutorado, e à qual permaneço vinculado desde 2013 como docente na Área de Língua e Literatura Latina do Departamento de Letras Clássicas e Vernáculas. Agradeço, ademais, ao CNPq, que financiou meu trabalho de iniciação científica, à Capes, financiadora de minhas pesquisas de mestrado e doutorado e de meu estágio de doutorado-sanduíche na University of British Columbia em Vancouver, no Canadá, e à Fapesp, que atualmente financia minha pesquisa de pós-

-doutorado. Agradeço, ademais, às pessoas – professores, colegas, alunos e funcionários – que, de diferentes maneiras, fizeram parte de minha vivência na USP nesses quase 17 anos de vida acadêmica.

Merece agradecimento especial Ashok N. Aklujkar, *Professor Emeritus* da University of British Columbia, com quem li, durante o supramencionado estágio no exterior, todo o texto cuja tradução ora se publica. Sem sua ajuda, o trabalho de tradução teria sido impraticável. Espero que este livro – primeiro dos que pretendo publicar para divulgar e tentar compreender a cultura intelectual da Índia antiga – lhe preste contas de minha gratidão e admiração.

Agradeço, ademais, a Mário Ferreira, meu orientador no doutorado, e aos professores que participaram de minha defesa de tese, João Batista Toledo Prado, João Carlos Barbosa Gonçalves, Lílian Cristina Gulmini e Maria Valíria Aderson de Mello Vargas.

Agradeço, ainda, a Miguel Attie Filho, Ana Carolina Pinheiro, Anna Covelli, Beatriz Chnaiderman, Daniel Alonso de Araújo, João Carlos Barbosa Gonçalves, Mateus Domingues da Silva e Nathalia Novaes Alves, líder e membros, respectivamente, do Grupo de tradução e pesquisa de Filosofia Árabe e História do Pensamento (USP/CNPq), os quais participaram da Oficina de Leitura do *Vākyapadīya* conduzida por mim em junho de 2012 e cujas observações me deram a oportunidade de reformar profundamente minha tradução.

Enfim, a Bruno Gambarotto, Crislene Marchiotto, Eloy Gustavo de Sousa, João Carlos Barbosa Gonçalves, José Mucinho Lourenço de Sousa, Mamede Jarouche, Marcelo Vieira Fernandes, Marta Aguiar, Renato Gaspar de Araújo Cruz e Safa

Abu Chahla Jubran, amigos de há muito e de há pouco, cuja existência me dá o dom de não me confinar numa única cabeça, dedico também este livro.

Sumário

Listas . *13*

Introdução . *15*

Panorama do conhecimento da linguagem na Índia antiga . *15*

A obra de Bhartṛhari: *Tripādī* e *Trikāṇḍī* . *32*

Nota sobre a tradução . *49*

DA PALAVRA: PRIMEIRA SEÇÃO OU SEÇÃO DO *BRAHMAN* OU SUMA DA TRADIÇÃO . *53*

Listas

Abreviaturas

A	*Aṣṭādhyāyī*
ĀS	*Āpiśaliśikṣā*
BĀU	*Bṛhadāraṇyaka-upaniṣad*
CU	*Chāndogya-upaniṣad*
JU	*Jaiminyupaniṣad*
MBh	*Mahābhārata*
MBhāṣ	*Mahābhāṣya*
MS	*Maitrāyaṇīsaṃhitā*
MU	*Maitryupaniṣad*
ŚB	*Śatapathabrāhmaṇa*
YV	*Yajurveda*
PS	*Pāṇinīyaśikṣā*
PhS	*Phiṭsūtra*
ṚV	*Ṛgveda*
ṚVP	*Ṛgvedaprātiśākhya*
TB	*Taittirīyabrāhmaṇa*
TK	*Trikāṇḍī*
TP	*Tripādī*
V	*Vārttika*
VS	*Vaiśeṣikasūtra*

Outros sinais

[...] indica lacuna no texto.

Um asterisco (*) diante de abreviatura indica que a citação apresenta alguma divergência em relação à forma encontrável nas edições modernas daquele texto.

Dois asteriscos (**) indicam que a citação diverge bastante da forma encontrável nas edições modernas daquele texto.

Introdução

Panorama do conhecimento da linguagem na Índia antiga

O interesse indiano pela palavra remonta já à poesia do *Ṛgveda* (XII-X AEC), coleção de hinos para uso ritualístico e, ademais, registro dos mais arcaicos dentre as línguas indo-europeias. O espaço do rito então conjugava o chamado às divindades e sua admoestação para agirem em favor dos homens e sustentarem a ordem do cosmo (*ṛta*) com uma complexa trama de atividades e objetos, além de uma não menos complicada rede de associações simbólicas expressa em protocolos verbais caracterizados por valores como a sacralidade, o mistério e a exclusividade. A produção e manutenção do maquinário ritual da cultura védica, ainda que interessasse à classe dos *kṣatriya* – chefes tribais, monarcas locais e outras sortes de governantes – e da *vaiśya* – classe camponesa e comerciante –, era prerrogativa da elite sacerdotal, os *brāhmaṇa*, que moldava a vida ideológica, religiosa – numa palavra, *cultural* –, de todos os setores da sociedade.

Ao *Ṛgveda*, no decorrer dos séculos, sucederam mais três coleções da matéria verbal dos rituais públicos e privados, seja a que era prerrogativa de uma função sacerdotal específica, como é o caso do *Yajurveda*, acúmulo das fórmulas sacrificais enunciadas pelo *adhvaryu*, sacerdote-regente, e o do *Sāmaveda*, registro da modulação musical dos hinos ṛgvédicos, profissão do *udgātṛ*, sacerdote-cantor, seja a que se apresentava nas práticas rituais domésticas contidas na quarta coleção, o *Atharvaveda*. No entorno das coleções vai aos poucos se formando vasto emaranhado de literatura exegética que clarifica, classifica e conserva – ou ao menos pretende – as formas e os sentidos desse legado textual.

O conhecimento da linguagem que as gerações posteriores herdam do período védico discerne-se, portanto, de um lado, pela supramencionada técnica poética dedutível da poesia que produziram, e, de outro, tanto pela forma e estado em que foi transmitido esse tesouro verbal como pelo *corpus* de literatura exegética[1] acumulado em torno dele, por meio do qual se conhecem os debates teóricos e as resultantes teorias que fundamentaram as inúmeras técnicas de preservação e análise de forma e de sentido que divisaram.

Śākalya

De valor primordial para os discursos sobre a origem da atividade gramatical na Índia antiga são os testemunhos, datáveis com forte probabilidade dos séculos VI-V AEC,[2] da atividade de Śākalya, tido como responsável pela primeira intervenção

1 Conhecido pelo nome de *vedāṅga*, ou "membros do Veda".

2 Cf. *Prātiśākhya*, Yāska e Pāṇini adiante.

propriamente gramatical na massa textual do *Ṛgveda*. A Śākalya, que viveu talvez no século VIII AEC, atribui-se o chamado *padapāṭha* ou "recitação a palavra", forma de enunciação que desfaz o fluxo contínuo do discurso em que se enunciavam e memorizavam os hinos da coleção, o *saṃhitāpāṭha* ou "recitação conjugada", por meio da inserção de pausas entre as unidades a que se chama *pada*, nome que se aplica tanto à palavra flexionada como àquela que faz parte de compostos nominais. Se com desmembrar a cadeia de sons de coleções de enunciados Śākalya procurava dirimir as ambiguidades advindas das modificações que o fluxo recitativo contínuo impunha especialmente aos sons finais dos vocábulos quando se batiam com os iniciais de outros, deve-se ter em mente, por outro lado, que a própria ideia de vocábulo como forma isolada e passível de modificações de forma decerto não se devia afigurar com perfeita clareza na massa textual dos hinos, em virtude tanto do modo de transmissão apenas oral dos textos como pelos processos de modificação fonética característicos da língua sânscrita, cujas variáveis podem toldar bastante a relação de identidade entre formas linguísticas *in pausa* e *in fluxu*.

Śākalya é apenas um dentre tantos personagens cujas ideias ou realizações no campo da palavra a tradição posterior transmitiu. Os textos de matéria linguística que se preservaram, fruto de uma tradição oral que parece ter se fixado em forma manuscrita apenas no entorno da Era Comum, mas que remontam a aproximadamente cinco ou seis séculos antes, anotam parcelas do pensamento de considerável número de precursores (Gārgya, Śākaṭāyana, Āpiśali, Sphoṭāyana, Audumbarāyaṇa, entre outros), do que se deduz intensa atividade intelectual aplicada à palavra já em tão recuada antiguidade no norte do subcontinente indiano. São esses textos os mais antigos *Prātiśākhya*: o *Nirukta*, de Yāska, e a *Aṣṭādhyāyī*, a célebre "Gramática", de Pāṇini. Resultantes não apenas da capacidade analítica singular de seus autores, mas também da absorção de tradições compartilhadas e exclusivas, é incerto qual dessas obras mereceria o selo de precedência cronológica, razão pela qual serão aqui considerados apenas seus interesses e realizações relativos.

Prātiśākhya

Os mais antigos tratados de fonética descrevem os hábitos recitativos e a forma fonética geral da língua sânscrita sob o ponto de vista teórico de cada ramo ou escola védica (śākhā).[3] O interesse pela forma fônica da palavra visa, em primeira instância, à formação do recitador do Veda, e, de maneira geral, à preservação material das coleções de hinos e de outras obras de exegese ritual que com o passar do tempo alcançaram grande número de variantes no seio das diferentes escolas de transmissão.

Os *Prātiśākhya* desenham metódica e pormenorizadamente o estado da pronúncia do sânscrito na metade do primeiro milênio antes da Era Comum, estabelecendo e descrevendo as propriedades acústicas e articulatórias das unidades de som que compõem os *pada* (vocábulos, palavras). A empresa analítica dos *Prātiśākhya* reconhece consoantes, vogais e semivogais, o fenômeno da nasalidade e todo tipo de variação suprassegmen-

---

3 Chama-se escola a agrupamentos regionais de sacerdotes que sustentavam as práticas ritualistas e arregimentavam as ferramentas para sua manutenção e preservação. A fixação desses grupos principia no norte e só mais tarde se estende também ao cone sul do subcontinente indiano.

tal, como os acentos musicais (tonais), que, embora estivessem desaparecendo da língua de comunicação, persistiam na forma fônica dos *textus recepti* da tradição; distingue, ademais, os órgãos de articulação e as regiões da cavidade bucal onde atuam; descreve os processos articulatórios que dizem respeito a cada série de sons, ordenando-os numa taxonomia que vai da região posterior do aparelho fonador à anterior, ou seja, da garganta, passando pela boca, até os lábios; decodifica, ainda, as modificações fonéticas necessárias e as variações aceitáveis e inaceitáveis que aderem à enunciação dos sons quando retornam ao fluxo normal da recitação; enfim, a literatura dos *Prātiśākhya* procede tanto ao desmembramento do *saṃhitāpāṭha*, a recitação conjugada e contínua supramencionada, em seus constituintes fônicos e sua posterior descrição num conjunto pormenorizado de regras, quanto à reconstrução, por meio da aplicação delas, do mesmo *saṃhitāpāṭha* a seu estado original, aquele transmitido pela tradição e abonado em cada escola védica.

Dentre os *Prātiśākhya* preservados contam-se os seguintes textos: *R̥gvedaprātiśākhya*, *Taittiriyaprātiśākhya*, *Vājasaneyīprātiśākhya*, *Caturādhyāyikā*, *R̥ktantra* e *Atharvavedaprātiśākhya*. Sendo manuais de escola, em princípio fruto de reflexão coletiva, sua datação é incerta; aceita-se, entretanto, que os mais antigos remontem ao século VI AEC, e que se tenham composto os mais recentes durante os quatro séculos que se seguiram, aproximadamente até o tempo de Patañjali, *circa* 150 AEC (cf. p.24-5).

Yāska

Único monumento que a tradição indiana legou da disciplina etimológica, o *Nirukta* de Yāska (VI-V AEC) é um comentário a listas de palavras extraídas dos Vedas e de autoria anônima chamadas *Nighaṇṭu*, que contêm grupos de sinônimos e homônimos, formas raras, formas verbais e nomes de divindades. *Nirukta* significa "explicação", nome que se dá também à ciência que pratica:[4] a explicação do sentido das palavras, visando primordialmente à compreensão da poesia arcaica das coleções védicas, com base em diversos mecanismos de análise. A seção da obra que mais interessa à verificação do desenvolvimento do interesse indiano pela palavra é a longa introdução (p.16-40), em que se discutem tanto os objetivos e as técnicas da Etimologia como temas de Gramática geral e extensões especulativas sobre determinados problemas de linguagem com que a tradição deparou.

A doutrina etimológica do *Nirukta* inclina-se para a ideia de que os nomes são derivados de raízes verbais, teoria atribuída a um personagem de nome Śākaṭāyana, a quem se contrapõe a razão de outro predecessor etimologista (*nairukta*), Gārgya, que reconhece na massa das palavras uma parcela de *nomes* que não se pode derivar e que se deve aceitar como convencionais. Apesar do nome ocidental que lhe impõem os estudos indológicos, decerto, em seu conjunto, a ciência etimológica praticada pelos antigos indianos não se coaduna com os padrões da disciplina moderna da Etimologia praticada no Ocidente. Dos processos de derivação do *Nirukta* extraem-se visadas teóricas formalistas, calçadas em conhecimento sofisticado de estruturas morfológicas, fonológicas e fonéticas da língua, bem como concepções ritualizadas ou simbólicas, que manejam a relação entre as unidades da língua com base no jogo de relações de

---

4 *Nirvacana* é um sinônimo comum.

sentido próprio da cultura indiana do período, o qual é concebido como sobreposto à matéria verbal.

Para além dos princípios do *nirvacanaśāstra*, a disciplina da Etimologia, a obra de Yāska fornece-nos uma variedade de opiniões e reflexões sobre assuntos linguísticos que tocam problemas compartilhados pela Gramática, Linguística e Filosofia da Linguagem atuais. Dentre os mais interessantes, acha-se ali, por exemplo, uma proposta de divisão da matéria verbal em classes de palavras (nome, verbo, *upasarga* e *nipāta*)[5] e de distinção, nas formas do nome e do verbo, das categorias do "existir" ou substância (*sattva, dravya*) e do "devir" ou ação (*bhāva, kriyā*), bem como a refutação feita por Audumbarāyaṇa a essa divisão, segundo a ideia de que é o enunciado (*vacana*) a forma que se apresenta à faculdade perceptiva dos usuários da língua (*indriyanitya*), e de que toda forma de análise é prática artificial e facilitadora, que só faz sentido como ferramenta didática e pela necessidade de compreender a palavra da revelação védica, que não apresentava mais ao conjunto dos falantes a clareza de forma e de sentido da língua de comunicação.

A disciplina da Gramática: os três mestres

Pāṇini

Também na passagem do sexto ao quinto século antes da Era Comum é que se costuma fixar, com a obra de Pāṇini, o estabelecimento definitivo da ciência gramatical na Índia antiga. De fato, no texto da *Aṣṭādhyāyī*, herdeiro do trabalho de uma série

5 *Upasarga* são primordialmente os prefixos nominais e verbais; *nipāta* são, em princípio, as conjunções e os advérbios.

de pensadores cujos nomes e fragmentos de ideias registra,[6] não se vislumbra nada correspondente às hesitações de uma disciplina em formação, mas sim o ponto culminante da reflexão linguística indiana, referência obrigatória para todas as formas de pensar a palavra que terão voga no subcontinente nos tempos posteriores, até os períodos colonial e moderno. Suas ideias atravessaram, ademais, seu contexto cultural e têm sido, ao menos parcialmente, assimiladas pelo pensamento linguístico ocidental desde que se tornaram conhecidas aos fundadores da Gramática Comparada no século XVIII.

Além de ser a primeira descrição gramatical completa da língua sânscrita, a "Gramática de Pāṇini", como também é chamada, é o primeiro monumento da ciência indiana que não se presta à função primeira de ferramenta de exegese e preservação das coleções védicas, ocupando-se primordialmente da forma da fala secular (*bhāṣā*) de seu tempo e lugar, reservando--se apenas uma parcela menor de seu conjunto de regras a particularidades do dialeto arcaico dos antigos textos. Natural de Śalātura, em Gandhāra, extremo noroeste da Índia, a língua que Pāṇini observa e descreve seria a norma utilizada pela elite social, cultural e ideológica da região, a forma de comunicação oral, em princípio, da classes *brāhmaṇa*, *kṣatriya* e *vaiśya*, que mais tarde se havia de tornar a *lingua franca* da civilização indiana.

A *Aṣṭādhyāyī*, "A de oito capítulos", é um formulário de 3.996 regras (*sūtra*, literalmente "fio") que operam, de um ponto vista eminentemente sincrônico e descritivo, a formação dos componentes do enunciado por meio da adição de afixos a bases

6 Dez são os predecessores citados nominalmente por Pāṇini: Āpiśali, Kāśyapa, Gārgya, Gālava, Cākravarmaṇa, Bharadvāja, Śākaṭāyana, Śākalya, Senaka e Sphoṭāyana.

verbais e nominais. A prosa extremamente concisa das regras, legado da literatura técnica dos tratados de exegese ritual, caracteriza-se pela quase total ausência de formas verbais, pelo amplo uso de abreviações e termos técnicos (em parte herdados, em parte fabricados), pelo emprego especializado e artificial dos casos de declinação e de conectores oracionais, e, enfim, pela ubiquidade dos chamados "marcadores" (*anubandha*), apêndices fônicos afixados aos elementos das operações gramaticais – bases nominais e verbais e afixos – que servem, assim como os sinais matemáticos, para identificar a natureza de cada operação, devendo desaparecer uma vez realizadas. A ordem de aplicação das regras, por sua vez, respeita cabeçalhos temáticos (*adhikāra*) que estendem a uma série de regras consecutivas operações já realizadas, princípio a que se dá o nome de "recorrência" (*anuvṛtti*).

O texto da *Aṣṭādhyāyī* é praticamente incompreensível se abordado sem o estudo prévio dos comentários tradicionais, que explicitam os valores semânticos e formais do aparato técnico pāṇiniano. Aos gramáticos que ao longo da história indiana se debruçaram sobre a obra de Pāṇini e a explicaram deu-se o nome de *pāṇinīya-s* (pāṇinianos). Depois de Pāṇini, a empresa da tradição gramatical indiana concentra-se, portanto, de um lado, na explicação das minúcias de seu modelo descritivo, especialmente na extração e justificativa dos princípios e de aplicação dos *sūtra*, as chamadas "regras de interpretação" (*paribhāṣā*), apenas parcialmente expressas no texto da *Aṣṭādhyāyī*, e de outro, no alargamento do escopo de regras específicas, a fim de que pudessem dar conta dos novos fatos de língua que se apresentavam aos profissionais da análise gramatical. Sobressaem nessa prática as figuras de Kātyāyana e Patañjali.

Kātyāyana e Patañjali

Do período de cerca de quatro séculos que separa Pāṇini e Patañjali conserva-se em sua inteireza uma única obra gramatical: os chamados *vārttika*, ou "notas" de natureza teórica e conceitual à *Aṣṭādhyāyī*, de autoria de Kātyāyana, gramático em atividade por volta de 250 AEC.

Os *vārttika* não foram transmitidos de maneira independente, mas no corpo do texto de seu comentador, Patañjali. Kātyāyana não se debruça sobre o texto inteiro de Pāṇini, anotando apenas 1.245 das 3.996 regras da *Aṣṭādhyāyī*. A função dos *vārttika* é, segundo a tradição, "investigar o que não foi dito ou dito mal numa regra".[7] Kātyāyana trabalha por esclarecer ou precisar o aparato conceitual pāṇiniano, emendar o teor de determinadas regras e antecipar possíveis objeções. No mais das vezes, a argumentação faz retornar à forma original dos *sūtra*, que então ressurgem protegidos como que por uma couraça teórica.

O *Mahābhāṣya*, o "Grande comentário", de Patañjali, gramático em atividade *circa* 150 AEC, é um comentário direto às observações críticas de Kātyāyana, que ele cita, glosa, ilustra com exemplos e estende em novos desenvolvimentos argumentativos ou por meio da recuperação da opinião de outros gramáticos, em geral não nomeados; comenta, ainda, de maneira independente, mais um número considerável de regras, que ao todo somam 1.713 das 3.996 contidas pela *Aṣṭādhyāyī*. Patañjali, assim como Kātyāyana, age como um protetor da causa pāṇiniana na maioria dos casos; noutros, porém, aceita a crítica dos *vārttika* ou as

---

7 *sūtre 'nukta-durukta-cintākaratvam vārttikatvam*, definição de Bhaṭṭojī Dīkṣita, gramático do século XVII (*Uddyota* 1.25.19 *apud* Sharma, 2002).

objeções que recupera das elucubrações gramaticais da tradição; ainda noutros, parece deixar suspensas certas discussões.

O *Mahābhāṣya* impõe-se à tradição posterior como autoridade máxima entre os *pāṇinīya*, e a linhagem de Pāṇini, Kātyāyana e Patañjali recebe de seus futuros pares a alcunha coletiva de *munitraya*, ou "tríade de mestres". A sequência dos tempos será, no entanto, curiosamente invertida na atribuição de autoridade: Patañjali herda o maior grau, seguido de Kātyāyana e, enfim, do fundador Pāṇini, segundo o dito que diz: *yathottaraṃ munīnāṃ prāmāṇyam*, ou seja, "a autoridade dos (três) mestres (mede-se) a partir do último", assente na tradição escolástica, para a qual os modelos de interpretação fixados no *Mahābhāṣya* são a chave-mestra do sistema pāṇiniano.

O *vyākaraṇa*, a disciplina de "análise" da palavra, forma de Gramática que praticaram os antigos indianos, seguirá, depois de Patañjali, por diversas trilhas e novos desenvolvimentos. Durante o primeiro e o segundo milênio da Era Comum, presenciam-se tanto movimentos de vulgarização do sistema pāṇiniano, que darão origem a numerosas escolas gramaticais, pāṇinianas ou não pāṇinianas, como esforços de adensamento dos argumentos e técnicas transmitidos pela linhagem clássica dos três mestres. A tradição se mantém viva, de certa forma, até os dias atuais, porém seu último período de grande vitalidade e novidade foi o século XVIII, com a obra monumental de Nāgeśabhāṭṭa.

Ideologia e Gramática no Mahābhāṣya

Se Pāṇini apresentava uma visão primordialmente descritiva de seu objeto, a tradição dos *pāṇiniya* vai aos poucos assimilando uma perspectiva normativa da língua, uma vez que seu aparato técnico e teórico servira, desde o princípio, aos propósitos da tradição bramânica. A obra de Patañjali, especialmente sua famosa "Introdução", a *Paspaśā*, é o documento da tradição em que primeiro se expõe em claras linhas o entorno ideológico da técnica gramatical.

Patañjali pertence talvez à última geração de gramáticos para quem o sânscrito era ainda língua de comunicação diária, se bem que já ameaçada pela forte concorrência dos falares indo-iranianos médios. Na virada para a Era Comum, o sânscrito terá se tornado uma norma a aprender, *lingua franca* da alta sociedade, não só bramânica, mas também em processo de adoção pelas esferas letradas das tradições budista e jainista. A *Paspaśā* arrola uma série de motivações ou objetivos (*prayojana*) do estudo da Gramática – entenda-se aqui a *Aṣṭādhyāyī* –, predominantemente ligados à preservação dos Vedas e à identificação e segregação da elite cultural bramânica, os chamados *śiṣṭa*.

A gramaticalidade, ou correção verbal, é compreendida do ponto de vista ritualístico: assim como o oficiante deve estar plenamente ciente e no controle da relação entre o aparelho material, ou seja, as ações físicas da manipulação dos objetos e das fórmulas sacrificais, e seu produto invisível, o *dharma*, mérito religioso que sustenta a ordem da vida terrena e garante a felicidade depois da morte, da mesma maneira o falante deve ser consciente do poder ritualístico da palavra, que irradia para além do contexto do rito. A Gramática é, portanto, apanágio dos responsáveis pela manutenção da ordem religiosa – intimamente ligada à ordem pública – e pela formação da maior parte dos cânones intelectuais da cultura indiana, para o que se mune do aparato preservacionista que já caracterizava os estágios precedentes da tradição.

Conceitos linguísticos e especulativos no Mahābhāṣya

Além da ideologia bramânica, Patañjali, na mesma seção introdutória, promove a discussão de temas linguísticos de natureza conceitual que terão profunda influência no futuro desenvolvimento da especulação indiana, em especial da especulação sobre a natureza da palavra e do sentido.

No que tange a problemas afetos à Linguística geral dos dias de hoje, as reflexões que se leem na *Paspaśā* acerca da natureza da palavra fazem entrever a divisão conceitual entre o plano fônico da língua, aquele exterior, manifesto em forma de som (*dhvani*), e o fonológico, formado de entidades abstratas (*varṇa*), como os fonemas da Linguística moderna, que sustenta a análise da linguagem em constituintes formais como raízes verbais, bases nominais e afixos. O plano fonológico também interessa às teorias de significação, já que o signo abstrato (*sphoṭa*) é então considerado o suporte do sentido.

O problema da aplicação das regras gramaticais a entidades linguísticas resulta, por seu turno, na explicitação de certos traços das línguas naturais de larga utilidade para as convenções do jargão gramatical, por exemplo, o uso das formas linguísticas não pelo que valem, ou seja, o *signatum* (*saṃjñin*), aquilo que a palavra designa, aponta, fora do discurso, mas pela sua forma abstrata, isto é, o *signans* (*saṃjñā*), a palavra como nome de si mesma, autorreferente ou autônima. As discussões de Patañjali – baseadas nas observações de Kātyāyana à célebre *paribhāṣā* (regra de interpretação) pāṇiniana que diz que "a palavra (numa regra) que não seja termo técnico (denota) sua própria forma"[8] – constituem a discussão mais extensa do

8 *svaṃ rūpaṃ śabdayāśabdasaṃjñā*, *Aṣṭādhyāyī*: 1.1.68.

problema do uso e menção antes do estabelecimento da escola Nyāya, especializada em problemas de lógica e epistemologia.

A Filosofia da Linguagem inaugurada por Bhartṛhari

Nos cerca de seis séculos que separam Patañjali de Bhartṛhari, duas correntes de eventos marcam o desenvolvimento do pensamento indiano de maneira geral e, em particular, da ciência gramatical.

Entre os *pāṇinīya*, registra-se um período de relativa dormência, sobretudo nos primeiros séculos da Era Comum. Conta Bhartṛhari, nos versos finais do segundo livro da *Trikāṇḍī*,[9] que a tradição de estudo do *Mahābhāṣya* como que se dissolvera durante certo período, em virtude da baixa estatura intelectual de algumas gerações, sendo mais tarde recuperada por Candra (ou Candragomin, gramático budista, IV-V EC) e outros, dentre os quais Vasurāta, seu mestre, que então revivificam a força analítica da tradição.

Doutra parte, é justamente nesse mesmo período (II AEC a V EC) – quando já se acham estabilizados os principais textos das seções especulativas da tradição bramânica, o grupo de textos conhecido por *Upaniṣad* (VII AEC a II EC), bem como os cânones das outras grandes tradições filosófico-religiosas da Índia, em especial a budista e a jainista – que se assiste à formação e sistematização final dos *corpora* textuais que serão, assim como Pāṇini para a tradição gramatical, o arcabouço técnico e temático da especulação indiana pelos séculos seguintes. São esses textos as compilações de *sūtra* ou *kārikā* das escolas

---

9 2.481-490.

Sāṃkhya, Yoga, Vedānta, Mīmāṃsā, Nyāya e Vaiśeṣika,[10] no âmbito da tradição bramânica, e os manuais das numerosas escolas budistas e jainistas, que fermentavam, havia muito, o debate de ideias que, com passar dos tempos, se espalhara por todas as regiões do subcontinente.

A recuperação da tradição gramatical que realizaram as gerações logo anteriores a Bhartṛhari deve ter se nutrido desse amplo movimento que impulsionou a fixação das grandes escolas de filosofia da Índia. De fato, ao escavar os fundamentos do aparelho conceitual da Gramática, Bhartṛhari depara com problemas fundamentais da relação entre as estruturas linguísticas e extralinguísticas e da relação do ser humano com o mundo por meio da palavra. Em maior ou menor grau, encontramos em sua obra, especialmente na *Trikāṇḍī* (cf. p.33), questões que nos remetem àquelas com que se têm batido ao longo de muitos séculos também outras tradições de pensamento especulativo e linguístico.

A palavra (*śabda*), para Bhartṛhari, manifesta-se numa por assim dizer ontologia escalonada, dividida em três aspectos principais: *vaikharī*, a palavra que o homem fala, a matéria sonora e linear que transita entre o aparelho fonador do falante e o aparato auditivo do ouvinte; *madhyamā*, a palavra mental ou intelectual, abstração que sustenta a relação entre as categorias distintivas fonológicas e semânticas; e *paśyantī*, a forma latente,

10 Respectivamente intitulados *Sāṃkhyakārikā* (IV-V EC), atribuído a Īśvarakṛṣṇa; *Yogasūtra* (III-IV EC), a Patañjali, homônimo do gramático; *Brahmasūtra* (V EC), a Bādarāyaṇa; *Mīmāṃsāsūtra* (II AEC a II EC), a Jaimini; *Nyāyasūtra* (*circa* III-V EC), a Akṣapāda Gotama; e *Vaiśeṣikasūtra* (II AEC ao início da EC), a Kaṇāda.

seminal, da faculdade da palavra, em que toda a diversidade da manifestação verbal é, despojada de linearidade e diferença, *in potentia*. Essa existência tríplice da palavra sustenta, por sua vez, a ideia de que nossa percepção do mundo, em última instância, depende do "posto" linguístico a partir do qual o observamos. Logo, a palavra é, para o ser humano, não só sua medida de existência, como sua medida de conhecimento.

De fato, de acordo com Bhartṛhari, palavra e cognição são feitas como que duma mesma matéria, lados duma mesma moeda: toda diversidade de formas, cores etc. que se nos apresenta internamente como reflexos numa espécie de painel cognitivo – pense-se numa mirada sobre um objeto complexo, uma paisagem, pense-se na imagem dessas mesmas coisas – não difere da matéria de que se compõe o painel. Também se juntam a esse retrato da forma de nossas cognições as formas linguísticas, que, nesse nível, como reflexos cognitivos, de nenhuma maneira diferem dos reflexos dos objetos. O conhecimento integral da palavra, dado que consiste em conduzi-la à sua forma latente, à forma de *paśyantī*, consiste, ademais, no conhecimento da forma íntegra, "desobjetificada", por assim dizer, da relação entre palavra e sentido (ou objeto).

É evidente que essa postura diante da palavra diz respeito a um sentido de universalidade que muito difere daquele promulgado pelas ciências especulativas modernas e pelo modelo geral que caracteriza o discurso de conhecimento ocidental. A ideia de palavra que tem Bhartṛhari não é tocada pela historicidade: a palavra, cujos símbolo e manifestação primordiais se veem na literatura védica, é uma constante da vida humana, indissociável das práticas sagradas e seculares dos homens de todas as classes; é também unitária no que concerne à sua matriz formal: os *corpora* védicos são a matriz de todas as diferenças de forma, mesmo dos falares estrangeiros.

Ademais, a travessia intelectual pressuposta por inúmeros discursos de conhecimento na Índia antiga integra, à profunda acuidade analítica, a necessidade de transformação do ser humano. No caso da filosofia bhartṛhariana, a superação conceitual da técnica pāṇiniana – veja-se que, se a forma última e supremamente real da palavra é irredutível a toda forma de análise, justamente por ter superado sua condição de objeto e se ter assimilado à visão do sujeito ou, melhor dizendo, se ter mesmo tornado essa visão – não confronta a utilidade da estância analítica da Gramática, que segue sugerindo a melhor forma de observar e conhecer o estrato da realidade linguística que interessa a determinadas atividades do ser humano, tais como o aprendizado da língua, a manutenção dos ritos e da tradição, a ascensão social secular, práticas intimamente ligadas ao emprego gramatical, expressivo da língua etc.

Em suma, a acuidade do pensamento dos profissionais da palavra na Índia antiga, especialmente dos *pāṇinīya*, tem estimulado e mesmo se mostrado capaz de transgredir muitas das restrições epistemológicas que se invocaram como dificuldades inerentes de ambientar seu pensamento às reflexões sobre a linguagem produzidas ao longo do tempo pela tradição ocidental. A obra deles, e em especial a de Bhartṛhari, cujo estudo passa a retomar corpo apenas a partir da década de 1960, mais que documentos – preciosos, sem dúvida – do pensamento linguístico indiano, são uma fonte viva de reflexão sobre a linguagem, tanto do ponto de vista técnico quanto especulativo, e podem dialogar não só com a história do pensamento linguístico de outras tradições, mas também com os movimentos que produzem o pensar a linguagem nos dias de hoje.

A obra de Bhartṛhari: *Tripādī* e *Trikāṇḍī*

Tripādī

Tripādī ("A de três capítulos") é um comentário ao *Mahābhāṣya*, de Patañjali, o mais antigo já descoberto, preservado em estado bastante fragmentário e corrompido.[11] Não se sabe se o texto original abrangia ou não todo o texto de Patañjali, porém é de supor, pela sanção da maior parte da tradição ao título *Tripādī*, que cobrisse apenas os três primeiros capítulos (*pada*) do primeiro livro (*adhyāya*, lit. "lição") dos quatro em que se divide o *Mahābhāṣya*. O texto de que dispomos vai apenas até a sétima seção (*āhnika*) do primeiro capítulo da primeira lição, encerrando-se com o comentário ao sutra 1.1.55 da *Aṣṭādhyāyī*.

Nas palavras de Pierre-Sylvain Filliozat, a *Tripādī*,

> Ainda que se apresente como mero comentário, é muito mais que uma explicação literal do original [leia-se, o *Mahābhāsya*]. Ela contém muito material inédito e fica claro que dá um passo imenso no desenvolvimento do conhecimento linguístico, da especulação filosófica e dos métodos de interpretação. (1991, p.8)

Essa obra também se conhece, em data mais recente, pelos nomes de *Mahābhāsyadīpikā*[12] ("Lamparina do *Mahābhāṣya*") e *Mahābhāsyaṭīkā* ("Subcomentário ao *Mahābhāṣya*"), embora as fontes mais antigas prefiram a forma supracitada, como é o caso, entre outros, do gramático Vardhamāna (XII EC): "Bhartṛhari

11 Kielhorn, 1883.

12 Nome com que foi editada, cf. Edições e traduções.

é o autor do *Vākyapadīya* e do *Prakīrṇaka* e o comentador da *Mahābhāsyatripādī*".[13]

Trikāṇḍī

Trikaṇḍī ("A de três seções") é o nome que se dá à reunião de duas obras, a saber, o *Vākyapadīya*, constante de dois livros, e o *Prakīrnaka*, entendido como o terceiro. O título faz referência aos *kāṇḍa* (seções) do *Vākyapadīya*: *Brahmakāṇḍa* e *Vākyakāṇḍa*, e ao *Padakāṇḍa*, outro nome dado ao *Prakīrṇaka*. Nas fontes indianas, portanto – ainda que isso pareça confuso –, a obra é de fato referida de duas maneiras, ora como duas entidades relativamente independentes, *Vākyapadīya* e *Prakīrṇaka*, ora como a reunião de três livros ou seções conexos – *Brahma-*, *Vākya-* e *Pada-kāṇḍa* –, a *Tri-kāṇḍī*.[14]

Vākyapadīya

Vākyapadīya é um texto em versos de tipo *kārikā* (cf. adiante) em duas seções ou "livros": o *Brahmakāṇḍa* ou "Livro do *brahman*", de 183 dísticos, e o *Vākyakāṇḍa*, ou "Livro do enunciado", de 490 dísticos.

O *Brahmakāṇḍa* – que se inicia com um discurso que afirma a unidade ontológica entre o princípio atemporal e absoluto a que se chama *brahman* e o *śabda*, a palavra ou linguagem – constitui, na verdade, uma espécie de introdução geral ao *vyākaraṇāgama*, ou seja, à tradição gramatical, espécie de suma da tradição.[15]

---

13 *bhartṛharir vākyapadīya-prakīrṇakayoḥ kartā mahābhāṣya-tripādyā vyākhyātā ca* (*apud* Kielhorn, 1883).

14 Aklujkar, 1969.

15 *Āgamasamuccaya*, "Compêndio da tradição", é outro nome que se dá, nos colofões dos manuscritos, ao *Brahmakāṇḍa*, e que reflete com

Aí o grande modelo é o Patañjali da *Paspaśā*, a introdução do *Mahābhāṣya*, que Bhartṛhari cita, emula e à qual alude em numerosos passos, tanto pela escolha de temas, argumentos e ilustrações, como por tratos de linguagem e estilo. Bhartṛhari não só revisita e reinterpreta problemas clássicos, como o da natureza da palavra, de sua perenidade, da relação da gramática com os Vedas e o rito, como também antecipa, em forma condensada, alguns dos assuntos pormenorizados nas seções seguintes, dentre os quais a questão da grandeza de comunicação da língua (*vākya*) e a teoria do *sphoṭa*, do *Vākyakāṇḍa*, e as teorias sobre o universal (*jāti*) e o particular (*vyakti*) e acerca da expressão da ação (*kriyā*) pela palavra tratadas no *Prakīrṇaka*.

No *Vākyakāṇḍa*, por sua vez, os temas tratados giram em torno justamente da supramencionada discussão da grandeza de significação da língua. Nessa parte da obra, Bhartṛhari expõe minuciosamente as teorias de significação que recebeu da tradição, precisando e expandindo diversas formulações acerca do tema; trata também de refutar as teorias propostas especialmente pela escola de hermenêutica do rito, a Mīmāṃsā, que, com base na teoria da eternidade material do *corpus* textual revelado, via no fonema (*varṇa*) a unidade mínima de significação da língua, e pela escola de lógica e epistemologia, o Nyāya, que considerava a palavra (*pada*) a unidade de significação.

É a partir de tais reflexões que Bhartṛhari virá a estabelecer o enunciado (*vākya*) como instância verdadeiramente comunicacional da língua, unidade de significação porquanto resiste

mais justeza, a nosso ver, a seleção de conteúdos que apresenta, razão pela qual nos baseamos nele ao fixar o subtítulo deste livro: Suma da tradição.

a toda e qualquer forma de indução, já que contém, em estado comprimido, não analisada, toda a diversidade estrutural da comunicação. Ainda nessa seção, Bhartṛhari vai expandir a análise linguística em discussão metafísica, já que essa forma unitária da comunicação, quando experimentada em sua unidade não manifesta, a que dá o nome de *paśyantī*, a "vidente", revelar-se-á idêntica à essência da palavra, o *brahman*-palavra (*śabdatattva* ou *brahman*).

Vṛtti

Vṛtti é um comentário aos dois livros do *Vākyapadīya*, isto é, *Brahma-* e *Vākya-kāṇḍa*,[16] cuja autoria permanece em disputa entre os estudiosos da obra de Bhartṛhari. O que não se questiona é tratar-se do mais antigo comentário ao texto do *Vākyapadīya*; ademais, a tradição jamais hesitou em considerá-los (o texto das *kārikā* e a *Vṛtti*) obras de um mesmo autor.[17] Aceitando ser obra de Bhartṛhari, a *Vṛtti* fará parte da *Trikāṇḍī*, que deverá organizar-se da seguinte maneira: *savṛtti vākyapadīya*, ou seja, o *Vākyapadīya* com a *Vṛtti*, e o *Prakīrṇaka*.

Em relação ao conteúdo, aplica-se à *Vṛtti* o que se disse a respeito das ideias contidas no texto das *kārikā*, com a ressalva de que a forma das *kārikā* se caracteriza por uma exposição

---

16 A porção da *Vṛtti* que comenta o *Vākyakāṇḍa* não se preservou integralmente, apresentando algumas lacunas consideráveis; já a que comenta o *Brahmakāṇḍa* apresenta poucas lacunas e de menor extensão.

17 Para os pormenores da disputa entre os favoráveis e contrários à identidade autoral entre *kārikā* e *Vṛtti*, bem como para conhecimento dos testemunhos tradicionais acerca da obra de Bhartṛhari, consultem-se, especialmente, Aklujkar (1969, 1972 e 1993) e Bronkhorst (1988 e 1991), que sobressaem, respectivamente, na defesa das correntes pró- e contra-identidade.

condensada das linhas gerais das teorias avançadas e refutadas por uma determinada escola, de seus argumentos e contra-argumentos, ao passo que a *Vṛtti* presta o precioso serviço de recuperar-lhes o aparato referencial e ilustrativo, expandindo e não raro explicitando o que os versos deixam implícito.

Prakīrṇaka

Prakīrṇaka ("Miscelânea"), também conhecido por *Padakāṇḍa* ("Livro dos vocábulos"), consiste de 1.317 dísticos, divididos em 14 *samuddeśa* (exposições, preleções). Cada uma dessas preleções dedica-se ao exame pormenorizado do estatuto filosófico e da expressão linguística de um conjunto de categorias, algumas das quais fazem parte do rol de problemas tratados pela maioria das escolas indianas de pensamento, além de alguns problemas técnicos de análise gramatical. Eis a razão do título *Prakīrṇaka*. O segundo título em uso, *Padakāṇḍa*, refere-se certamente ao fato de que tais categorias ou formas pertencem ao nível da palavra ou vocábulo (*pada*) extraído do contexto do enunciado (*vākya*).

A divisão das preleções é a seguinte:[18]

Jātisamuddeśa (106):[19] Do universal. Discute a precedência do universal (*jāti*) sobre o particular (*vyakti*) no significado das palavras isoladas e seu papel como promotor deste na significação.

18 As descrições se baseiam nas informações contidas no verbete "Bhartṛhari", da *Encyclopedia of Indian Philosophies*, v.V (Coward e Raja, 1990).

19 Número de *kārikā-s* ou dísticos.

Dravyasamuddeśa (17): Da substância. A categoria da substância, em seu mais alto grau de isolamento e propriamente compreendida, confunde-se com a essência da palavra (*śabdatattva*). Ela se limita em formas irreais por uma variedade de causas, sendo a primordial o tempo.

Sambandhasamuddeśa (88): Da relação. Define a relação entre a palavra e o sentido como uma compatibilidade eterna restrita às formas linguísticas corretas (*sādhu śabda*).

Bhuyodravyasamuddeśa (3): Mais da substância. Em sua representação verbal, a substância é uma entidade à qual se pode referir por meio de um pronome e está sujeita à diferenciação.

Guṇasamuddeśa (9): Do atributo. Trata-se de uma entidade que acompanha a substância e tem o papel de diferenciá-la. É, portanto, um dos adjuntos ou limitadores (*upādhi*) da expressão linguística da substância.

Diksamuddeśa (28): Da direção espacial. Trata-se não de uma entidade isolada, mas de um poder (*śakti*) dos objetos cuja existência depende duma convenção necessariamente instável em virtude de limitadores espaciais e temporais.

Sādhanasamuddeśa (167): Dos meios de realização da ação. São também poderes (*śakti*) definidos apenas intelectualmente e investidos nos objetos no processo de formação do enunciado, tais como agente, objeto, instrumento etc.

Kriyasamuddeśa (63): Da ação. Várias opiniões são apresentadas: ação é algo que existe e deve realizar-se; é um universal inerente em muitos particulares; é uma das modificações essenciais da existência (*bhāvavikāra*) transmitidas no *Nirukta* de

Yāska,[20] a manifestação (nascimento) expressa pelo verbo, em oposição à realização (perecimento) expressa pelo nome; é uma atividade (*pravṛtti*), a matéria (*prakṛti*) de todos os acessórios que servem para produzir um resultado (um objeto) etc.

Kālasamuddeśa (114): Do tempo. Discute o tempo como um poder (*śakti*) do *brahman*: ele é o operador (*sūtradhāra*) da máquina do mundo (*lokayantra*), dividindo o universo por meio de suas duas faculdades essenciais, permissão e suspensão (*pratibandha, abhyanujñā*).

Puruṣasamuddeśa (9): Da pessoa gramatical. Discute o papel e a significação dos sufixos verbais de pessoa.

Saṃkhyāsamuddeśa (32): Do número. Discute o número como diferenciador das substâncias e o conceito de unidade como base de toda diferenciação.

Upagrahasamuddeśa (27): Do aspecto verbal. Discute as limitações da ação verbal expressas pelos sufixos aspectuais.

Liṅgasamuddeśa (31): Do gênero. Discute algumas definições de gênero, por exemplo, aquilo que se qualifica por sinais, como cabelo, seios; os próprios sinais etc.; o universal dos sinais etc.

Vṛttisamuddeśa (623): Das formações complexas. Discute cinco tipos: derivados primários (*kṛdanta*), secundários (*taddhitānta*), compostos (*samāsa*), o *ekaśeṣa* (isto é, o processo teórico que resulta no emprego dos sufixos de dual e plural) e os verbos derivados de nomes (*nāmadhātu*).

---

20 *Nirukta*: 1.2: "Para Vārṣyāyaṇi há seis modificações da existência: o nascer, o existir, o modificar-se, o crescer, o decair e o perecer" (*ṣaḍbhāvavikārā bhavantīti Vārṣyāyaniḥ: jāyate, 'sti, vipariṇamate, vardhate, 'pakṣīyate, vinaśyatīti*).

Principais comentários

O mais antigo comentário preservado é o *Sphuṭākṣara* ("O de palavras claras") ou *Paddhati* ("Trilha"), de autoria de Vṛṣabhadeva (VIII EC?), que comentava em conjunto as *kārikā* e a *Vṛtti* do *Vākyapadīya* (*Brahma-* e *Vākya-kāṇḍa*). Preservou-se, entretanto, apenas a porção relativa ao *Brahmakāṇḍa*.

Helārāja (X-XI EC) também escreveu um comentário ao *Vākyapadīya*, intitulado *Śabdaprabhā* ("Luz da palavra"), texto que, infelizmente, não se preservou. Possui-se, entretanto seu comentário ao *Prakīrṇaka*, chamado *Prakīrṇakaprakāśa* ("Lume do *Prakīrṇaka*").

Puṇyarāja (X EC), ainda, comentou as duas seções do *Vākyapadīya*, mas preservou-se apenas seu comentário ao *Vākyakāṇḍa*.

Tem-se, ademais, uma versão abreviada da *Vṛtti* do *Brahmakāṇḍa* a que se dá o nome de *Prakāśa* ("Lume"), que é de autoria anônima.

Restam, enfim, os comentários modernos ao *Brahmakāṇḍa* de Dravyeśa Jhā, *Pratyekārthaprakāśikā* ("A iluminadora de cada sentido", 1926); Nārāyaṇadattaśarmā Tripāṭhī, *Prakāśa* ("Lume", 1937); e Sūryanārāyaṇa Śukla, *Bhāvapradīpa* ("Lamparina dos sentidos", 1937).

O único comentário completo à *Trikāṇḍī* é a *Ambākartrī* ("Mãe procriadora",[21] 1963), de Raghunātha Śarmā.

21 Nome dado em homenagem à deusa Durgā, de quem o autor era devoto.

Outras obras

A tradição indiana atribui a um autor de nome Bhartṛhari uma antologia de versos gnômicos divididos em três centúrias[22] (*śatakatraya*), cada uma delas versando sobre um universo temático específico: *Nītiśataka*, sobre a conduta, privada e pública; *Sṛṅgāraśataka*, sobre o amor erótico; e *Vairāgyaśataka*, sobre a renúncia à vida secular.

Há muito se discute se devem ser atribuídas ao mesmo autor da *Tripādī* e da *Trikāṇḍī*; entretanto, os testemunhos mais antigos acerca do poeta e do gramático de nome Bhartṛhari não associam os dois personagens. Sendo assim, no estado atual da questão, parece mais prudente e fundado considerá-los personagens distintos.

Somānanda e Utpalācārya, dois śivaítas da Caxemira dos séculos IX e X EC, mencionam uma obra de Bhartṛhari chamada *Śabdadhātusamīkṣā* ("Exame dos fundamentos da palavra") que, segundo Utpalācārya, trataria especialmente do conceito de *paśyantī*.[23] Esse texto, infelizmente, não se preservou.

---

22 Embora carreguem o título de *śataka*, não constituem, ao menos nos manuscritos que possuímos hoje, conjuntos de cem versos – estrofes, para ser mais exato –, superando em muito, cada uma delas, esse número, já que perfazem, juntas, um total de cerca de 850 estrofes (Bronkhorst, 1994).

23 *Paśyantī* é o terceiro estágio da linguagem, forma não sequencial e potencial, supracomunicativa, que alguns entendem como a essência da palavra (*śabdatattva*), cf. o parágrafo do comentário ao verso 159 de nossa tradução.

Referências bibliográficas

Edições e traduções:[24] *Tripādī*

A *Tripādī* foi editada sob o título de *Mahābhāṣyadīpikā*, em vários fascículos e sob os cuidados de vários editores, pelo Bhandarkar Oriental Research Institute (BORI), de Puna, Índia. As edições são acompanhadas de tradução inglesa:

BHAGAVAT, V. B.; BHATE, S. (Ed. & trad.). *Mahābhāṣyadīpikā. Āhnika VI, Part I (Fascicule III)*. Puna: BORI, 1986. (Post-Graduate and Research Department Series, n.25.)

BRONKHORST, J. (Ed. & trad.). *Mahābhāṣyadīpikā. Āhnika I (Fascicule IV)*. Puna: BORI, 1987. (Post-Graduate and Research Department Series, n.28.)

DEVASTHALI, G. V.; PALSULE, G. B. (Ed. & trad.). *Mahābhāṣyadīpikā. Āhnika IV (Fascicule VI)*. Puna: BORI, 1989. (Post-Graduate and Research Department Series, n.32.)

LIMAYE, V. P.; PALSULE, G. B.; BHAGAVAT, V. B. (Ed. & trad.). *Mahābhāṣyadīpikā. Āhnika V (Fascicule II)*. Puna: BORI, 1985. (Post--Graduate and Research Department Series, n.23.)

______. (Ed. & trad.). *Mahābhāṣyadīpikā. Āhnika VI, Part II (Fascicule VII)*. Puna: BORI, 1990. (Post-Graduate and Research Department Series, n.34.)

PALSULE, G. B. (Ed. & Trad.). *Mahābhāṣyadīpikā. Āhnika II (Fascicule V)*. Puna: BORI, 1988. (Post-Graduate and Research Department Series, n.31.)

______. (Ed. & trad.). *Mahābhāṣyadīpikā. Āhnika III (Fascicule I)*. Puna: BORI, 1985. (Post-Graduate and Research Department Series, n.22.)

24 Para uma bibliografia bastante completa tanto das edições e traduções quantos dos estudos sobre a obra de Bhartṛhari, cf. Ramseier, 1994.

PALSULE, G. B. & BHAGAVAT, V. B. (Ed. & Trad.). *Mahābhāṣyadīpikā. Āhnika VII (Fascicule VIII)*. Puna: BORI, 1991. (Post-Graduate and Research Department Series, n.37.)

Edições e traduções: Trikāṇḍī

A principal edição de todo o texto da *Trikāṇḍī* (sob o nome de *Vākyapadīya*) com seus comentários antigos é de Subramania Iyer:

SUBRAMANIA IYER, K. A. (Ed.). *Vākyapadīya of Bhartṛhari with the Commentary of Helārāja, Kāṇḍa III, Part I*. 1.ed. Puna: Deccan College, 1963.

______. *Vākyapadīya of Bhartṛhari with the Commentaries Vṛtti and the Paddhati of Vṛṣabhadeva, Kāṇḍa I*. 1.ed. Puna: Deccan College, 1966.

______. *Vākyapadīya of Bhartṛhari with the Prakīrṇaprakāśa of Helārāja, Kāṇḍa III, Part II*. 1.ed. Puna: Deccan College, 1973.

______. *Vākyapadīya of Bhartṛhari (An ancient treatise on the Philosophy of Sanskrit Grammar), Containing the Ṭīkā of Puṇyarāja and the Ancient Vṛtti. With a Foreword by Ashok Aklujkar. Kāṇḍa II*. 1.ed. Déli: Motilal Banarsidass, 1983.

Subramanya Iyer também traduziu para o inglês o primeiro livro (*Brahmakāṇḍa/Āgamasamuccaya*) com a *Vṛtti*; na tradução do segundo livro (*Vākyakāṇḍa*), reelabora em suas "notas exegéticas" porções da *Vṛtti* e grande parte do comentário de Puṇyaraja; na tradução do terceiro livro (*Prakīrṇaka/Padakāṇḍa*), apresenta notas baseadas no comentário de Helārāja:

______. *The Vākyapadīya of Bhartṛhari with the Vṛtti, Chapter I, English Translation*. 1.ed. Puna: Deccan College, 1965.

______. *The Vākyapadīya of Bhartṛhari, Chapter III, pt. I, English Translation*. 1.ed. Puna: Deccan College, 1971.

______. *The Vākyapadīya of Bhartṛhari, Chapter III, pt. II, English Translation with Exegetical Notes*. 1.ed. Déli: Motilal Banarsidass, 1974.

______. *The Vākyapadīya of Bhartṛhari, Kanda II, English Translation with Exegetical Notes*. 1.ed. Déli: Motilal Banarsidass, 1977.

A primeira tradução de Bhartṛhari para uma língua europeia foi feita por Madeleine Biardeau. Ela traduziu o *Brahmakāṇḍa/Āgamasamuccaya* com a *Vṛtti* para o francês em 1964:

BIARDEAU, M. (Trad.). *Bhartṛhari, Vākyapadīya Brahmakāṇḍa, avec la Vṛtti de Harivṛṣabha.* 1.ed. Paris: De Boccard, 1964.

Wilhelm Rau é o autor da edição crítica do texto completo das *kārikā*, que, mais tarde, traduziu para o alemão.

RAU, W. (Ed.). *Bhartṛharis Vākyapadīya: die mūlakārikās nach den Handschriften herausgegeben und mit einem Pāda-Index versehen.* 1.ed. Wiesbaden: Franz Steiner, 1977.

RAU, W. (Trad.); VON HINÜBER, O. (Ed.). *Bhartṛharis Vākyapadīya: Versuch einer vollständigen deutschen Übersetzung nach der kritischen Edition der Mūla-Kārikās.* 1.ed. Stuttgart: Franz Steiner, 2002.

Outras traduções para o inglês, uma, das *kārikā* do *Vākyapadīya* (*Brahma-* e *Vākya-kāṇḍa*), outra, apenas das *kārikā* do *Brahmakāṇḍa/Āgamasamuccaya*, são:

PILLAI, R. (Ed. & trad.). *The Vākyapadīya*: Critical Text of Cantos I and II, with English Translation, Summary of Ideas and Notes. 1.ed. Déli: Motilal Banarsidass, 1971.

SUBRAHMANIAM, K. (Trad.). *The Vakyapadīyam of Bhartṛhari, Brahmakāṇḍa:* Text and English Translation. 1.ed. Déli: Sri Satguru Publications, 1992.

As partes do terceiro livro, o *Prakīrṇaka* ou *Padakāṇḍa*, têm sido traduzidas por diferentes estudiosos, sempre acompanhadas do comentário de Helārāja. As principais edições até o presente são:

BANDINI, G. *Die Erörterung der Wirksamkeit*: Bhartṛharis *Kriyāsamuddeśa* und Helārājas *Prakāśa* zum ersten Male aus dem Sanskrit übersetzt, mit eianer Einführung und einem Glossar. Wiesbaden: Franz Steiner, 1980.

BANDINI, G. Die Erörterung der Person. Bhartṛharis *Puruṣasamuddeśa* und Helārājas *Prakāśa* zum ersten Male übersetzt und mit einem Kommentar versehen. In: *Zeitschrifit der Deutschen Morgenlädischen Gesellschaft*, Wiesbaden, n.132, p.159-73.

HAAG, P. *Bhartṛhari: Le Samkhyāsamuddeśa du Vākyapadīya (VP 3.11) (théorie du nombre) et son commentaire le Prakīrṇaka-prakāśa par Helārāja édités, traduits e commentés.* Paris: De Boccard, 2005.

HOUBEN, J. E. M. *The Sambandha-Samuddeśa (Chapter on Relation) and Bhartṛhari's Philosophy of Language.* Groningen: Egbert Forsten, 1995.

SHARMA, P. S. *The Kālasamuddeśa of Bhartṛhari's Vākyapadīya, Together with Helārājas's Commentary Translated from the Sanskrit for the First Time.* Déli: Motilal Banarsidass, 1972.

Há ainda uma edição eletrônica das *kārikā* realizada por RAMSEIER, SUDHAKAR e HOUBEN (2004), que se pode acessar pelo *Gretil – Göttingen Register of Electronic Texts in Indian Languages and Related Indological Materials from Central and Southeast Asia* (http://fiindolo.sub.uni-goettingen.de/gretil.htm), sob a rubrica "Grammar".

Geral

Arrolam-se aqui as obras que serviram de base ao "Panorama do conhecimento da linguagem na Índia antiga".

AKLUJKAR, A. Bhartṛhari. In: ARRINGTON, R. L. *A companion to the philosophers.* 1.ed. Wiley-Blackwell, 1991, p.561-5.

BROUGH, J. Theories of General Linguistics in the Sanskrit Grammarians. In: *Transactions of the Philological Society*, Oxford, p.27-46, 1951. [Reimp.: In: STAAL, J. F. *A Reader on the Sanskrit Grammarians.* 1.ed. Massachusetts: MIT Press, 1972. Edição indiana: Déli: Motilal Banarsidass, 1985, p.402-14].

______. Audumbarāyaṇa's Theory of Language. In: *Bulletin of the School of Oriental and African Studies*, Londres, n.14, p.73-77, 1952.

COWARD, H. G.; RAJA, K. K. (Eds.). *Encyclopedia of Indian Philosophies*, v.V: *The Philosophy of the Grammarians*. 1.ed. Princeton: Princeton University Press, 1990. [Edição indiana: Déli: Motilal Banarsidass, 1991.]

STAMMERJOHANN, H. (Ed.) *Lexicon Grammaticorum: Who's Who in the History of World Linguistics*. 1.ed. Tübingen: Max Niemeyer, 1996.

RENOU, L. Aperçu de la literature grammaticale en sanskrit. In: RENOU, L. *La Durghaṭavr̥tti de Śaraṇadeva*: traité grammatical em sanskrit du XII siècle, v.1, fasc.I. Paris: Les Belles Lettres, 1940, p.4-44.

SCHARFE, H. Grammatical literature. In: GONDA, J. (Ed.). *A History of Indian Literature*, v.V, fasc.2. 1.ed. Wiesbaden: Harrassowitz, 1977.

Obras citadas

AKLUJKAR, A. Two Textual Studies of Bhartr̥hari. In: *Journal of the American Oriental Society*, New Haven, n.89, p.547-63, 1969.

______. The Authorship of the Vākyapadīya-vr̥tti. In: *Wiener Zeitschrift für die Kunde Südasiens*, Viena, n.16, p.181-98, 1972.

______. Once Again on the Authorship of the Trikāndī-Vr̥tti. In: *Asiatische Studien/Études Asiatiques*, n.47.1, *Proceedings of the First International Conference on Bhartr̥hari*, Puna, p.45-57, jan.6-8, 1992. [Reimp. indiana in: BRONKHORST, J.; BHATE, S. (Eds.). *Bhartr̥hari, Philosopher and Grammarian*. Déli: Motilal Banarsidass, 1994.

BHADKAMKAR, H. M. (Ed.) *The Nirukta of Yāska (with Nighaṇṭu) Edited with Durga's Commentary*. 1.ed. Puna: BORI, 1918 [Reimpressão de 1985].

BRONKHORST, J. Études sur Bhartr̥hari, 1: L'auteur et la date de la Vrtti. In: *Bulletin d'Études Indiennes*, Paris, n.6, p.105-43, 1988.

______. Studies on Bhartr̥hari, 3: Bhartr̥hari on sphoṭa and Universals. In: *Asiatische Studien/Études Asiatiques*, n.45.1, p.5-18, 1991.

BRONKHORST, J. Studies on Bhartṛhari, 6: The Author of the Three Centuries. In: *Vācaspatyam* (Pt. Vamanshastri Bhagwat Felicitation Volume), Puna, Vaidika Samshodhana Mandala, p.32-41, 1994.

CARDONA, G. *Recent Research in Pāṇinian Studies*. Déli: Motilal Banarsidass, 1999.

COWARD, H. G.; RAJA, K. K. (Eds.). *Encyclopedia of Indian Philosophies*, v.V: *The Philosophy of the Grammarians*. 1.ed. Princeton: Princeton University Press, 1990. [Edição indiana: Déli: Motilal Banarsidass, 1991.]

FILLIOZAT, P. S. *An Introduction to Commentaries on Patañjali's Mahābhāṣya*. Puna: BORI, 1991.

HOUBEN, J. E. M. *The Sambandha-Samuddeśa (Chapter on Relation) and Bhartṛhari's Philosophy of Language*. Groningen: Egbert Forsten, 1995.

KIELHORN, F. On the grammarian Bhartṛhari. In: *Indian Antiquary*, Mumbai, n.12, p.226-7, 1883.

MACDONELL, A. A. *A Vedic Grammar for Students*. Bombaim: Oxford University Press, 1916. [Reimp. 1958].

RAMSEIER, Y. *A Bibliography on Bhartṛhari*. 2004. Disponível em: http://hin.osaka-gaidai.ac.jp/~ramseier. Acesso em: 25 jan. 2014.

SHARMA, R. N. *The Aṣṭādhyāyī of Pāṇini*, v.1: *Introduction to the Aṣṭādhyāyī as a Grammatical Device*. 2.ed. Déli: Munshiram Manoharlal, 2002.

Obras de referência

CALDAS AULETE. *Dicionário contemporâneo da língua portuguesa*. 2.ed. Rio de Janeiro: Delta, 1968.

CUNHA, C.; CINTRA, L. *Nova Gramática do português contemporâneo*. 5.ed. Rio de Janeiro: Lexicon, 2011.

Dicionário Priberam da Língua Portuguesa. Disponível em: http://www.priberam.pt/dlpo/. Acesso em: 25 jan. 2014.

FERNANDES, F. *Dicionário de sinônimos e antônimos da língua portuguesa.* 5.ed. Porto Alegre: Globo, 1952.

FERNANDES, F. *Dicionário de verbos e regimes.* 12.ed. Porto Alegre: Globo, 1954.

______. *Dicionário de regimes de substantivos e adjetivos.* 5.ed. Porto Alegre: Globo, 1955.

FERREIRA DOS SANTOS DE AZEVEDO, F. *Dicionário analógico da língua portuguesa (ideias afins/thesaurus).* 2.ed. Rio de Janeiro: Lexicon, 2010.

GRIMES, J. *A Concise Dictionary of Indian Philosophy.* Albany: State University of New York Press, 1996.

MONIER-WILLIAMS, M. *A Sanskrit-English Dictionary.* 1.ed. Oxford: Oxford University Press, 1899. [Reimp. indiana: Déli: Motilal Banarsidass, 1995; edição digital disponível em: http://www.sanskrit-lexicon.uni-koeln.de/. Acesso em: 25 jan. 2014.]

PUJOL RIEMBAU, O. *Diccionari sànscrit-català.* 1.ed. Barcelona: Enciclopèdia Catalana, 2005.

TUBB, G. A.; BOOSE, E. R. *Scholastic Sanskrit*: A Manual for Students. 1.ed. Nova York: The American Institute for Buddhist Studies, Columbia University's Center for Buddhist Studies e Tibet House US, 2007.

Nota sobre a tradução

> Decerto, não é por me julgar mais competente que tantos outros que ouso aqui apresentar uma tradução do primeiro *kāṇḍa* do *Vākyapādīya*, de Bhartṛhari. A ignorância em que me achava, no início deste trabalho, da reputação de dificuldade do texto é minha única desculpa, e não tenho a impressão de que, depois de o ter trabalhado e retrabalhado com diversos *paṇḍit* indianos, tenha dito sobre ele a última palavra. Mesmo assim, era preciso que um dia alguém desse a cabeça a corte (*sa tête à couper*) para que se pudesse em seguida aprimorar progressivamente o entendimento deste terrível *Vākyapādīya*. E assim se fez. (Biardeau, 1964, p.1; trad. minha.)

> Escrito num estilo obscuro incomum, esse comentário [a *Vṛtti*] precisa desesperadamente de elucidação. (Subramanya Iyer, 1966, p.vii; trad. minha.)

A primeira versão desta tradução constitui, como já mencionei nos "Agradecimentos", parte de minha tese de doutorado, *O conhecimento da linguagem como herdado pela tradição gramatical indiana:*

a primeira seção do Vākyapadīya de Bhartṛhari, defendida em 2011. O texto que serviu de base à tradução é o que o prof. Ashok Aklujkar (UBC, Vancouver, Canadá) vem preparando para a edição crítica que pretende publicar, em 12 volumes, de toda a obra remanescente de Bhartṛhari e de seus comentadores antigos, razão pela qual difere pontualmente dos textos que serviram de base para a tradução francesa de Madeleine Biardeau (1964) e a inglesa de K. A. Subramanya Iyer (1965). Ainda que minha tradução, resultado da leitura de todo o texto da primeira seção junto com o prof. Aklujkar, tenha sido realizada primeiramente sem a consulta das traduções supracitadas,[1] no processo de revisão para publicação procurei consultar o trabalho de ambos os tradutores, que, de fato, me ofereceram diversas ocasiões para corrigir ou retocar o meu. Registro aqui meu agradecimento e homenagem a esses dois precursores dos estudos bhartṛharianos.[2]

Uma questão prática para a qual os leitores devem atentar são as citações que se encontram espalhadas por todo o texto, especialmente as citações em verso. Aquelas numeradas na sequência dos versos foram consideradas por Aklujkar como citações pertencentes ao texto base, isto é, o próprio texto em verso, a que se dá o nome de *mūlakārikā*, "versos-base"; as não numeradas, por sua vez (ou numeradas fora da sequência das *mūlakārikā*), foram consideradas citações do comentário, a *Vṛtti*.

---

1 Há ainda uma tradução para o japonês, de Akihiko Akamatsu: *Koten Indo no Gengo-Tetsugaku 1*, título em inglês: *The Philosophy of Language in Classical India*, v.1: *Translation and Annotation of the First Kāṇḍa of Bhartṛhari's Vākyapadīya with the Vṛtti*. Tóquio: Heibon-sha (Toyo-Bunko 637), 1988. Como não conheço japonês, não ousei consultar essa tradução.

2 K. A. Subramanya Iyer faleceu em 1980; Madeleine Biardeu, em 2009.

Uma grande dificuldade do texto é a tradução da terminologia técnica. Nesses casos, ou sugeri traduções e indiquei entre parênteses quais as expressões traduzidas, ou mantive os termos originais, quando se tratava de conceitos relativamente conhecidos dos leitores de textos indianos antigos (*brahman*, *ātman*, *dharma*, *śāstra* etc.) ou de termos que tradicionalmente não se têm traduzido no âmbito dos estudos bhartṛharianos, como, por exemplo, *sphoṭa*. Em ambos os casos, o entorno textual fornece pistas de como se deve melhor entendê-los em cada contexto e, ademais, quando me foi possível, fiz alguma anotação a respeito. Advirto os leitores, entretanto, sobre o fato de minha compreensão do texto ser ainda incipiente, de modo que não pude, em muitos casos, fornecer explicações pormenorizadas. Espero, contudo, poder mitigar essas lacunas em futuras edições, à medida que se aprofunde meu conhecimento da obra e da tradição a que pertence.

Em relação ao estilo do texto, certamente há uma diferença, primeiro, entre os versos e o comentário, segundo, entre a prosa sânscrita, por assim dizer, literária (como a dos textos de exegese ritual, *Upaniṣad*, fábulas, romances etc.) e a prosa dos comentários de ciência e especulativos – exarados no chamado *Wissenschatlische Sanskrit* pelos estudiosos alemães, *Scholastic Sanskrit*, no âmbito anglo-americano, e por mim rotulado *sânscrito técnico-científico* –, entretanto não procurei representá-la na tradução pelo recurso da métrica nos versos em oposição à prosa livre no comentário. Os versos traduzi em prosa, jogando sem exageros com uma ordem menos prosaica da sintaxe e procurando na medida do possível conservar-lhes a concisão. No comentário pretendi alcançar o equilíbrio entre a vernaculidade da construção sintática e a complexidade das ideias expressas não pela crua literalidade – que é, *stricto sensu*, impraticável entre o português e o sânscrito –, mas sim pela sofisticação da construção sintática, apenas "pincelada" de estranhezas. Espero que, ao menos parcialmente, o resultado tenha ficado à altura da pretensão; mas, seja como for, receberei com satisfação as críticas, sejam negativas ou positivas, ao meu trabalho. O resto das vênias deixo para as epígrafes acima.

Pondo-me à disposição dos leitores,
São Paulo, Brás, 22 de abril de 2013.
Adriano Aprigliano

Da Palavra
Primeira seção ou
Seção do brahman *ou*
Suma da Tradição

1. O *BRAHMAN* SEM COMEÇO NEM FIM,
ESSÊNCIA DA PALAVRA, INDELÉVEL,
QUE SE EXPANDE EM SENTIDO,
A PARTIR DO QUAL A FORMAÇÃO DO UNIVERSO;

Propõe-se aqui que o "*brahman* sem começo nem fim" é uma essência (*tattva*) que transcende todas as formulações,[1] pleno de todos os poderes (*śakti*) por superar distinção e combinação, indiviso sob a forma das divisões entre conhecimento e insciência e, em quaisquer circunstâncias, despojado das propriedades (*dharma*) dos objetos (*dharmin*) que acompanham as transações seculares, quer pela reiteração das percepções de diferenças temporais, quer pela imaginação de divisões materiais. De fato, quer consista de causa e efeito, seja indiviso e dividido ou mesmo uno,[2]

---

1 A edição de Subramanya Iyer traz *vikalpa*, a de Aklujkar, *parikalpa*; cf. nota 10.

2 Os atributos são enumerados como se se referissem a diferentes discursos sobre o *brahman*, cuja contraditoriedade se dissolve na impossibilidade de lhe apontarem com clareza um começo e um

em nenhum discurso (*pravāda*)[3] são mencionados os pontos depois e antes dos quais venha a existir e deixe de existir; nem se admite que, em qualquer parte dele – em cima, embaixo ou transversalmente –, haja descontinuidade das partes das revoluções dos corpos materiais.

Embora se acredite que suas modificações (*vikāra*)[4] tenham formas diferentes, uma vez que possuem nexo com a matéria [primeira] (*prakṛti*), o *brahman* se estabelece como a forma própria da palavra por sua capacidade de apropriar-se dela e de ser por ela apropriado. Por isso é chamado "essência da palavra" (*śabdatattva*), já que pela palavra se constituem as divisões entre existir, vir a existir e deixar de existir.

Ademais, por ser a causa dos [sons] indeléveis (*akṣara*),[5] ele é chamado "[som] indelével". A expansão dessa essência

---

fim absolutos. A passagem tem um tom de discurso indireto livre, que também se encontra noutras passagens da *Vṛtti*.

3 A *Vṛtti* parece usar como sinônimos esta palavra, *vāda* e *parikalpa*.

4 Outras traduções que se têm utilizado são "fenômeno" (Biardeau), "manifestação" (Subramanya Iyer) e "evoluto" (Aklujkar). Elas refletem as diferentes opiniões dos tradutores em relação ao *status* das modificações na obra de Bhartṛhari, i.e., se ele as considerava modificações reais (*pariṇāma*), como a escola Sāṃkhya, ou ilusórias (*vivarta*), como o Vedānta de Śaṅkara. Isso se deve ao fato de ele usar termos derivados tanto de *pari-nam* quanto de *vi-vṛt* (124 e 1, e.g.). É possível que no tempo de Bhartṛhari não se fizesse distinção entre os termos.

5 Tem dois sentidos básicos: o primeiro, etimológico, é adjetivo, *a-kṣaram*, imperecível, indelével, indestrutível, sendo o a- prefixo negativo; o segundo, já metafórico, é o de som, ou unidade de som, as vogais e consoantes. Nos *Prātiśākhya* (VI-II AEC), a descrição dos sons é precedida pela rubrica *akṣara-samāmnāya*, i.e., o catálogo dos sons. Porém, há um sentido de grande relevância para o desenvolvimento do pensamento especulativo da Índia antiga: sílaba, especialmente

da palavra, que repousa no interior da consciência de cada um, emana a fim de comunicar um saber, pois assim se diz:

> *Sutil, sua essência não se dividindo com o sentido,*
> *una, a voz* (vāc),[6] *não emanada;*
> *já outros concebem-na outra, de forma vária,*
> *ainda quando reside na consciência do indivíduo.*[7]

"Que se expande em sentido." Expansão (*vivarta*)[8] é a capacidade do uno de, sem apartar-se da essência, apropriar-se, replicando a diferença, de formas outras, divididas, irreais, tais como as imagens quando dormimos. Diz-se que "as expansões da ação e da materialização não são mais que a ativação do poder da insciência", que, "no que diz respeito ao conhecimento em si mesmo, não se pode considerá-las em termos de identidade e alteridade – eis o que define a insciência".[9]

"A partir do qual a formação do universo." Dele somente, do *brahman* chamado palavra (*śabdākhya*) – em que a seriação (*krama*) se acha reabsorvida e que, quando todas as modifi-

---

a sílaba *om*, considerada sagrada e simbólica, objeto, nas *Upaniṣad* (VII-IV AEC), de especulações acerca da emanação do uno. Nesse contexto (especialmente na *Chāndogya-upaniṣad*), o *om* é o símbolo sonoro de uno, ou *brahman*, cujo desdobramento em a, u e m (*aum* > *om*) é, em princípio, uma metáfora para a emanação do universo a partir do uno. A ocorrência em 20, *akṣara-smṛti*, parece se referir à forma gráfica da sílaba ou mesmo à letra de alfabeto.

6 O termo *vāc*, "voz; fala, palavra", é usado como sinônimo de *śabda*, "palavra", em todas as suas possíveis extensões de sentido.

7 Fonte desconhecida.

8 Cf. nota 4.

9 Fonte desconhecida.

cações desaparecem, é uma massa informe, indescritível na forma dos nós das modificações preexistentes –, derivam as modificações a que se chama "universo" (*jagat*).

Diz-se, pois:

Aquele ente universal que não se assenta
na aparência de nenhuma formulação,[10]|
que é variegadamente formulado
pela inferência, a tradição e a razão (anumāna, āgama, tarka) *(1)*;
que, por ir além da distinção e combinação,
existência e inexistência, seriação e não seriação,|
verdade e falsidade,
só pelo discernimento se ilumina (2);
é ele o regente interno[11] *dos seres,*
bem como próximo, é distante,|
é tão completamente livre,
que os que buscam libertar-se para livrar-se a ele adoram (3);
às modificações ele dá forma,
mesmo que tenham retornado à matéria [primeira] (prakṛti),|
da mesma maneira que, no termo do inverno,
às massas de nuvens, a [força] motriz das estações (4);
ainda que una,
sua consciência em muitas partes se divide,|

10 Trata-se do mesmo termo do §1 do comentário ao verso 1. *Parikalpa* parece transitar entre uma ideia consciente de representação, i.e., aquela que é proposta por escolas de pensamento, e outra, inconsciente ou natural, que decorre do modo de funcionamento da mente humana de maneira geral.

11 *Antar-yāmin* é nome funcional do *ātman* "o si ou si mesmo"; esse termo remonta às *Upaniṣad*.

assim como a água dos mares, no tempo da Catástrofe,[12]
cheia de partículas de carvão (5);
dele, que reside na classe (gotra) *ou no universal* (ākṛti),[13]
nascem multidões cambiantes de indivíduos,\
como do vento nascem
as nuvens prenhes de chuva (6);
essa luz suprema
diversifica-se na forma dos três Vedas,\
que são a base das diferentes vistas
que há nas proposições de cada instrutor (7);
essa luz apaziguada,
cuja forma é conhecimento,[14]\
é como que perpetuamente devorada
por essa insciência que não há como explicar (8);
não há, em parte alguma, limite
para as expansões da insciência,\
que, tomada de impressões (saṃskāra),[15]

12 *Utpāta*, "catástrofe, desgraça", parece referência ao *pralaya*, ou dissolução dum ciclo cósmico (*kalpa*) na matéria primeira (*prakṛti*). Cf. Pujol, s.v.

13 *Ākṛti-gotrastha*. *Gotra* é, lit., "linhagem familiar", mas aqui aparentemente está usada por *jāti* (nascimento; gênero/universal); a tradução é apenas tentativa.

14 O texto dá *śāntaṃ vidyātmakaṃ yo'ṃśaḥ...*, porém nesse sintagma nome e adjetivos não concordam, estando estes no gênero neutro (*śāntam* e *ātmakam*) e aquele no masculino (*aṃśaḥ*). O que parece ter ocorrido foi nada mais que uma confusão de grafias, já que *jyotis* (n. "luz"), mencionada pouco antes, se escreve de maneira bastante semelhante, em *devanāgarī*, a *yo'ṃśaḥ* (m. "a porção que..."), razão pela qual adotamos aqui a emenda *jyotis*.

15 Impressões cármicas, acumuladas de experiências e existências anteriores.

não repousa em si mesma (9);
assim como a pessoa
que sofre de timira[16] *crê que*
o éter puríssimo
está cheio de partículas variegadas (10),
da mesma maneira esse brahman *imortal,*
que não se transforma, pela insciência
se expande em distinções,
como se em estado de impureza (11);
esse brahman *tem a medida da palavra,*
assenta nos poderes dela;
feito diverso a partir dos constituintes da palavra,
neles ele se reabsorve. (12)[17]

2. O QUAL, TRANSMITIDO COMO UM,
POR SER O SUPORTE DE DIFERENTES PODERES
— AINDA QUE DELES NÃO SEPARADO —,
CORRE COMO SE SEPARADO;

O que é "transmitido" (*āmnāta*) é que tudo que diz respeito aos modificáveis e às modificações, quer tenha a forma de unidade ou de diversidade, tudo isso existe sem transgredir a unidade da matéria [primeira].

Como em: "Água havia só, vedora, não dual, una";[18] e "Só o ser, filho querido, era no início, uno, sem segundo".[19] E diz-se

16 Doença dos olhos, espécie de cegueira parcial.
17 Fonte desconhecida.
18 *ŚB 14.7.1.31/BĀU 4.3.32.
19 CU 6.2.1.

ademais: "O *praṇava*,[20] que era um, em três partiu-se";[21] e "Não ser era mesmo no início; que era o não ser? Os videntes, eram eles no início o não ser, videntes que eram sopros".[22]

"Por ser o suporte de diferentes poderes." Sem contradizer sua unidade, reúnem-se no *brahman* a essência da palavra, poderes (*śakti*) contraditórios e harmônicos. Numa única apreensão, por exemplo, em que se encontram os constituintes dos reflexos de diferentes objetos (*artha*), encontram-se também os constituintes dos reflexos da forma de cada objeto, como é o caso de "terra", "povo". O recorte de uma das formas que reside no objeto apreendido – uma árvore, por exemplo – não contradiz a unidade da cognição de "terra". Não há aí diferença de ser (*ātman*) entre a forma deste ou daquele objeto,[23] uma vez que eles não transcendem a unidade de uma única cognição; da mesma maneira, os poderes do *brahman*, ainda que possuam aparência distinta, não diferem uns dos outros.

"Ainda que deles não separado." Decerto, não é por se falar em universal (*jāti*) e indivíduo (*vyakti*) que há poderes diferentes do *brahman*. No entanto, ele é determinado como se possuísse uma natureza diferente da de seus constituintes, ainda que idêntico a eles, como se eles próprios tivessem realidade exterior e, assim como a luz, delimitassem os objetos iluminados.

---

20 A sílaba *om*.

21 Fonte desconhecida.

22 ŚB 6.1.1.1.

23 I.e., dos objetos que fazem parte da cognição de um objeto como "terra" ou "povo".

3. APOIADAS EM CUJO PODER, O TEMPO,
EM QUE PARTES SÃO SOBREPOSTAS,
ESTÃO AS SEIS MODIFICAÇÕES, NASCER ETC.,
FONTES DE DIFERENÇA NA EXISTÊNCIA (*BHĀVA*);

Plenas desse poder autônomo, a que se chama "tempo" (*kāla*), todos os poderes dele dependentes e suscetíveis à produção seguem-lhe o modo [de funcionamento] (*vṛtti*).

Sendo assim, para cada objeto, o evento de sua forma aparente parece serial em virtude da circunscrição de seus poderes resultante da permissão ou obstrução da multiplicidade. De todas as modificações (*vikāra*) – dependentes também de outras causas –, cuja produção se encontra obstruída, a causa auxiliar (*sahakārikāraṇa*)[24] é o tempo, ao permiti-la. Ao dividir-se em constituintes seriais, o poder criador (*kartṛśakti*) do tempo sobrepõe em si mesmo as diferentes formas que pertencem aos constituintes das modificações, da mesma maneira que, no fio da balança, quando se opõe o contrapeso, marca-se o bastão com um risco.[25]

Quando se concebe dessa maneira – ou seja, dizendo que existiu ou não existiu – uma condição de anterioridade e posterioridade de uma entidade que não possui nem uma nem outra, então surgem as modificações, seis ao todo – nascer etc. –, como fontes (*yoni*) de todas as modificações na existência (*sattā*).

Na "Preleção sobre o universal", na parte em que se fala do ser,[26] as modificações da existência serão analisadas pormenorizadamente.

---

24 Num pote, o barro é causa material; o trabalho do oleiro, as qualidades do barro etc. são auxiliares ou eficientes.

25 O símile não é claro, no original temos: *tulasūtra iva saṃyogi-dravyāntara-gurutva-pratibandha-kāle daṇḍa-lekhāvacchedam [adhyāropayati]*.

26 TK 3.1.33-40.

4\. E DO QUAL — SEMENTE UNA DE TUDO —
EIS AÍ ESSA CONDIÇÃO (*STHITI*) MÚLTIPLA
SOB A FORMA DE FRUIDOR, DO QUE É PARA FRUIR
E SOB A FORMA DE FRUIÇÃO;

Nesse *brahman* uno, que se apropria de poderes não contraditórios, inexprimíveis em termos de unidade e diversidade, existência e inexistência, e se divide em formas irreais, expandem-se os nós de "fruidor, do que é para fruir e de fruição" (*bhoktr̥, bhoktavya, bhoga*),[27] mutuamente distintivos, mas sem existência exterior, assim como as cognições de um homem que dorme. Uma vez delimitado por nós que se expandiram superando a forma de outros nós, sobrevém, nas transações seculares, tal condição multiforme do *brahman*.

5\. POSSUI ELE SEU MEIO DE OBTENÇÃO E RÉPLICA
NO VEDA, QUE É PELOS VIDENTES-MORES
— EMBORA UNO — TRANSMITIDO COMO SE TIVESSE
VÁRIAS VIAS, SEPARADAS UMAS E OUTRAS.

A obtenção do *brahman* (*brahmaprāpti*) é nada mais que a superação dos nós do eu, o dizer "eu" ou "meu". Outros dizem que é o retorno das modificações à matéria [primeira]. A independência dos sentidos físicos,[28] o contentamento desprovido de meios de realização,[29] a identificação com o *ātman*,[30] a satis-

27 I.e., sujeito, objeto e experiência.

28 Semelhante ao ideal do *tīrthaṃ-kara* jainista.

29 Vr̥ṣabhadeva glosa: *asādhana iti abahiḥsādhana*, "desprovido de meios de realização, desprovido de meios externos de realização".

30 Aklujkar suprime essa lição; tomamo-la de Subramanya Iyer. Vr̥ṣabhadeva comenta: *ātmatattvam ca yad Upaniṣatsu varṇyate: yatheṣṭhyā*

fação de todos os desejos,[31] a ausência de objetivos incidentais, plenos poderes,[32] a não penetração das revoluções do tempo nos constituintes do *ātman*, a inexistência do *ātman*,[33] são esses os conceitos de "obtenção".

"O meio de obtenção" (*prāptyupāya*) de *brahman* é o *corpus* védico, assim como a doação, a ascese, a formação do brâmane e outras práticas o são da ascensão [mundana] (*abhuydaya*). Pois assim se disse: "Pelo estudo contínuo do Veda, uma suprema, interna, pura luz imperecível, apenas essa escuridão sem limites se esvaindo, manifesta-se".[34]

"A réplica" (*anukāra*). A voz sutil e perene, além dos sentidos, que veem os videntes vedores dos mantras,[35] os quais têm a experiência direta do *dharma*,[36] a fim de fazê-la conhecer a

---

striyā pariṣvakto na kiṃcana veda, "*ātmatattva* (a identificação com o *ātman*) é aquilo que se explica nas *Upaniṣad*: 'Como, nos braços da mulher desejada, (o homem) não sabe de mais nada...'". Esse passo encontra-se, com algumas diferenças, em BĀU 4.3.21.

31 A lição de Subramanya Iyer é *ātma-kāmatvam*, "o amor do *ātman*". Aklujkar sugere *āpta-kamatva*, forma que adotamos na tradução. Ambas se encontram em BĀU 4.3.21.

32 Vṛṣabhadeva explica que se trata dos oito poderes que se obtêm pela prática do *yoga*: *aṇiman* e *mahiman* (diminuir e aumentar de tamanho), *gariman* e *laghiman* (tornar-se mais pesado e leve), *prāpti* (obter [tudo]), *prākāmya* (obter o almejado), *vaśitra* (subjugar os elementos), *īśitra/īśitṛtva* (supremacia).

33 *Nairātmya*. Concepção próxima ao *anātmavāda*, a doutrina budista da negação do *ātman*.

34 Fonte desconhecida.

35 *Ṛṣi/maharṣi*. Como deixa claro a passagem, videntes/videntes-mores são os que contemplam a forma não manifesta do Veda e a transmitem em forma de palavra articulada. Em 173 fala-se sob o processo de revelação e diferentes tipos de videntes que dele tomam parte.

36 Nesse contexto, *dharma* parece se referir à forma revelada da realidade, a verdadeira natureza ou verdadeira ordem das coisas.

outros que não têm do *dharma* experiência tal, transmitem-na como *bilma*,[37] no desejo de comunicar alguma coisa experimentada, lembrada e vista como se ocorrida em sonho.[38] Eis o que se passou antanho. Com efeito, disse [Yāska]:

> *Videntes havia que tinham a experiência direta do* dharma. *Eles transmitiram como ensinamento os mantras a outros que tal experiência não tinham. Estes, cansados de ensinar, transmitiram, para a apreensão do* bilma, *este livro,*[39] *os Vedas e os membros do Veda.* Bilma *significa* bhilma, bhāsana.[40]

"O Veda, que é pelos videntes-mores (...) transmitido como se tivesse várias vias" (*anekavartman*).[41] Essa coisa chamada Veda, que se vê contida numa única visão (*darśanātmani sthito dr̥śyaḥ*),[42] é algo uno. Os videntes-mores (*maharṣi*), como não pudessem comunicar a ausência de diferença, depois de lhe darem forma de palavras ordenada pela expansão, dividindo-se seus caminhos, sem que superassem sua unidade, nos modos de recitação contínua, segmentada e palavra a palavra,[43] transmitiram-no por meio da diferença, à medida que

37 Ou *bilva*. Trata-se de termo obscuro, mas não há dúvida de que nele Bhartr̥hari entende o mesmo que *anukāra*, espécie de imagem mental que contém toda a revelação do Veda.

38 Para *smr̥ta*, "lembrado", há a variante *śruta*, "ouvido".

39 O *Nighaṇṭu* e, provavelmente, o conjunto *Nighaṇṭu* e *Nirukta*.

40 Os termo são obscuros; *bhāsana* pode significar "brilho". Nir 1.20.

41 I.e., recensões.

42 I.e., a visão da revelação que têm os *r̥ṣi*, "videntes".

43 São técnicas de recitação dos Vedas. *Saṃhitapāṭha* é a recitação conjugada ou contínua dos hinos; *padapāṭha*, a recitação a palavra, i.e., fazendo pausas entre as palavras; e *kramapāṭha*, o modo de recitação

estabeleciam a nomenclatura das escolas de conduta, a fim de que os estudantes se aplicassem ao seu estudo.

Outro disse: uma voz[44] se diferencia regionalmente ou por outras razões, mas, mesmo havendo diferença na forma, não deixa de ser a base de um único significado; ela[45] é apenas a causa de que se postulem tais diferenças; da mesma maneira, os enunciados da Revelação (*śrutivākya*), ainda que em diferentes escolas,[46] não deixam de ser a base de um único sentido, sendo apenas uma diferença formal [entre eles] a causa de que se postulem as diferenças entre as escolas.

Outros pensam que, assim como o Āyurveda[47] de oito membros no passado era apenas um – ora o vemos desmembrado na era de Kali,[48] em razão dos poderes deficientes dos homens –, também o Veda, cujos poderes se dividem em imensuráveis caminhos, era uma massa de *brahman*.[49]

---

que segue a seguinte ordem: 12/23/34 etc., sendo 1234 a primeira, segunda, terceira, quarta etc. palavras do texto, e o sinal \, uma pausa.

44 *Vāc* é usado com parcimônia na *Trikāṇḍī* para se referir à palavra (língua/linguagem ou às suas unidades); *śabda* é o termo mais comum.

45 No seu aspecto formal.

46 De transmissão dos Vedas, de que se falará em 6.

47 A medicina tradicional indiana.

48 Kaliyuga. Cf. notas em 173.

49 Segundo Aklujkar (comunicação pessoal), *brahmarāśi*, neste passo, parece referir-se ao Veda como uma massa indiferenciada, semelhante ao *bilma* ou *anukāra*. Já em 5, no segundo parágrafo do comentário, entendemos que a expressão parece denotar primeiro a massa textual do Veda, por cujo estudo contínuo se alcança o *brahman*, o *corpus* védico.

6. SUAS DIVISÕES TÊM MUITOS CAMINHOS[50]
E SÃO MEMBROS DUM ÚNICO ATO [RITUAL];[51]
PODER RESTRITO DAS PALAVRAS
OBSERVA-SE EM SEUS RAMOS;

"Dentro da divisão em quatro, 101 são os ramos do *adhvaryu*,[52] mil vias tem o *Sāmaveda*, 21, a *Coleção de estrofes*[53] – uns dizem que são quinze –, e nove, o *Veda de Atharvan*."[54] Parte por parte, são esses os "muitos caminhos" (*bahumārga*).

"São membros dum único ato [ritual]." Um único ato [ritual] (*eka karman*) é a base de todos os ramos do Veda, da mesma maneira que um único tratamento é base de todos os ramos da medicina (*cikitsita*).

"Poder restrito das palavras" (*yataśaktitva*). Porque elas têm a capacidade de veicular um sentido limitado e são causa de uma ascensão (*abhyudaya*) tal e qual.

"Observa-se em seus ramos." Por exemplo, "*deva* e *sumna* levam acento agudo[55] na última sílaba no *Yajurveda* da escola de Kaṭha";[56] "*sima* leva acento agudo na última sílaba no *Atharvaveda*"[57] etc.

---

50 As divisões (*bheda*) do Veda, como se verá adiante, são os quatro *corpora* do *Ṛgveda*, *Sāmaveda*, *Yajurveda* e *Atharvaveda*; os caminhos (*mārga*) são as diferentes recensões em que cada uma dessas partes foi transmitida no seio de cada um dos ramos ou escolas (*śākhā*).

51 Lit., "ato, ação". Aqui, é claro o sentido de "rito, ritual". Cf. 36, onde parece haver referência aos atos de existência pregressas, i.e., ao *karman* transmigratório.

52 Sacerdote que, nos ritos do vedismo, tem a função de pronunciar as fórmulas do *Yajurveda*.

53 *Bahvṛcya*, lit., "o de muitas estrofes", i.e., o *Ṛgveda*.

54 MBhāṣ 1.9, V 5.

55 Trata-se de acento musical, não de intensidade, preservado na recitação dos Vedas até os dias de hoje (cf. Macdonell, 1958, p.448-469).

56 A 7.4.3.8.

57 PhS 4.1.1.

[...][58] Já os que transmitem que a divisão dos ramos (*śākhā*)[59] [do Veda] se dá em intervalos descontínuos são do ponto de vista (*darśana*) de que, antes de dividir-se, a palavra, desprovida de ordem, não contém desvio algum.

7. E TRADIÇÕES DE MUITAS FORMAS,
DE PROPÓSITOS VISÍVEIS E INVISÍVEIS,[60]
NELE APOIANDO-SE POR MEIO DE SINAIS,
SÃO CONCEBIDAS PELOS CONHECEDORES DO VEDA.

Há tradições (*smṛti*) que têm base verbal; há, por seu turno, um conjunto de práticas (*samācāra*) bem conhecidas dos eruditos que não dispõe desse suporte.

"De propósitos visíveis" (*dṛṣṭaprayojana*) são aquelas relativas ao tratamento médico etc. "De propósitos invisíveis" (*adṛṣṭaprayojana*) são aquelas relativas ao que se deve ou não comer, com quem se deve ou não deitar, o que se deve ou não dizer etc.

Num mesmo caso, se não há propósito visível, as tradições que implicam contradição tornam-se opcionais; mas, se houver divergência entre os eruditos, não terão validade as que tiverem um propósito visível.

---

58 O uso de *tu* ("já, por outro lado") indica que aí deve haver uma lacuna. Provavelmente perdeu-se a indicação da visão *mīmāṃsaka* da eternidade das divisões do Veda. Há referência a ela em 37.

59 É termo metafórico; são as escolas de transmissão das coleções védicas.

60 Cf. 40, onde parece tratar-se apenas da relação das disciplinas (*śāstra*) com os propósitos invisíveis (*pūṇya*, *pāpa*).

Já quando não há divergência entre os eruditos, mesmo havendo um propósito visível, há apenas opção, como no caso da expiação por matar uma rã.

"Nele apoiando-se por meio de sinais." Os sinais (*liṅga*) que se baseiam na Revelação (*śruti*) fazem saber que os ritos prescritos quer por ela, quer pela tradição, têm o mesmo agente. Aqueles que têm a prerrogativa dos ritos de propósitos visíveis e invisíveis prescritos pela Revelação são por ela mesma chamados de agentes também dos ritos prescritos pela tradição. É o que se dá, por exemplo, neste caso: "O oficiante do rito, ao hóspede que chega, deve cozinhar um cordeiro não castrado, ou um grande touro".[61]

Em alguns casos, sinais visíveis, assim como o grão na panela de arroz,[62] são suficientes para excogitar a validade (*prāmāṇya*) de uma tradição de modo que ela não contradiga o sentido da Revelação.

8. APOIADOS NA FORMA DOS *ARTHAVĀDA*[63] DELE,
OS DISCURSOS DE MONISTAS E DUALISTAS
FRUTO DE SUAS CONCEPÇÕES,
CHEGARAM [A NÓS] DE MUITAS MANEIRAS.

Vê-se que os discursos (*pravāda*) dos homens geralmente seguem os *arthavāda* e os enunciados da Revelação que a eles se

61 *ŚB 3.4.1.2.

62 I.e., assim como um único grão de arroz indica que os demais grãos na panela estão bem ou malcozidos.

63 "Ponderação, elogio, exaltação (um dos seis sinais reveladores, *ṣaḍvidhaliṅga*, dum discurso; a ponderação consiste em exaltar o tema principal do discurso...)", Pujol, s.v.

assemelham.[64] Os diferentes discursos nascem das concepções (*vikalpa*)[65] do intelecto humano (*puruṣabuddhi*).

Por exemplo, "Isso no início era mesmo não ser"[66] é o *arthavāda* que serve para propiciar o sítio do *agnicayana*.[67] Baseada numa elucubração sobre a forma dele, tem-se a seguinte posição excludente:

Do não ser origina-se o não ser; do sem desejo, o sem desejo; do sem pé, o sem pé; do sem nome, o sem nome, do sem corpo, o sem corpo; [68]

Mas o ātman *uno é concebido ao mesmo tempo como existência e inexistência, respectivamente sem anterioridade e posterioridade, pois como pode haver nomeável e não nomeável em algo que é não dual?*[69]

E também:

Não era ser nem não ser...;[70]

... no início isso tudo era breu; [71]

Isso é espuma, ou nada, é bolha, ou nada;
Māyā é o que é, a dura de cruzar, assim vê o de visão clara;[72]

64 Aklujkar (comunicação pessoal) entende que são narrativas e outros tipos de texto que contenham recomendações ritualísticas indiretas.

65 Cf. 99; veja-se *parikalpa* sob 6.

66 ŚB 6.1.1.1.

67 Rito preparatório do empilhamento (*cayana*) da lareira sacrifical em cinco camadas de tijolos; cf. Pujol, s.v.

68 Fonte desconhecida.

69 Fonte desconhecida.

70 R̥V 10.129.1.

71 *MU 5.2

72 Fonte desconhecida.

O cego achou uma pedra preciosa,
o sem dedo passou nela um cordão;
o sem pescoço vestiu-a, o sem língua a louvou; [73]

E ainda:

"No início, isso tudo era água..."[74] é o *arthavāda* relativo ao *darsapūrṇamāsa*;[75] dele deriva a seguinte posição:

O prāṇa, *essência das águas, é algo que madura e não madura na forma de coisas cognoscíveis, que madura e não madura na forma de coisas nomeáveis; ele revolve e não revolve.*[76]

O [fluxo], uniforme, a forma de toda consciência, estabelece-se como forma subjacente de toda a diferença.

Dizem os dualistas (*dvaitin*), por seu turno:

As matrizes dos constituintes dos objetos são eternas e não eternas;
a elas está preso este mundo, que é com e sem forma, sutil e material. [77]

E dizem também:

Dois pássaros, amigos, camaradas, ocupam a mesma árvore;
um deles come o doce figo, enquanto o outro, que não come, observa,[78]

---

73 *TA. 1.11.5.
74 ŚB 14.8.61/JU 1.56.1.
75 Sacrifícios da lua cheia e da lua nova.
76 Fonte desconhecida.
77 Fonte desconhecida.
78 *ṚV 1.164.20.

isto é, o conjunto dos sentidos e o regente interno,[79] ou o intelecto e o conhecedor do campo.[80]

Outros, por seu turno, explicam que a consciência cheia de sementes[81] é uma essência ao mesmo tempo expandida e não expandida:

> *vibra, não vibra, está longe, está perto;*
> *está dentro disso tudo, e está fora disso tudo.*[82]

Ora, uma vez que, entre os teóricos (*drāṣṭṛ*),[83] se encontram tais concepções teóricas (*darśanavikalpa*) acerca duma coisa que, em função de possuir todos os poderes, é una e transcende a todos eles,

> 9. NELE ESTÁ ENUNCIADA, PURIFICAÇÃO VERDADEIRA,
> A CIÊNCIA (*VIDYĀ*)[84] QUE CONTÉM O LEGADO (*ĀGAMA*)[85] NUM SÓ VOCÁBULO
> SOB A FORMA DO *PRAṆAVA*,
> QUE CONFLITA COM NENHUM DISCURSO.

Neste nível, uma concepção teórica acerca do *brahman*, que é uno e contém todas as formas, não difere de outras que acre-

---

79 *Indriyagrāma* e *antaryāmin* são conceitos do *yoga*.

80 *Buddhi* e *ksetrajña* são conceitos da escola Sāṃkhya.

81 *Bahudhanakaṃ caitanyam*. Aklujkar (comunicação pessoal) considera que há aqui ecos do śivaísmo da Caxemira.

82 YV 40.5.

83 Lit., "observador".

84 Refere-se tanto a forma una (veja-se *brahman, praṇava*) quanto às diferentes ciências seculares. Nesse sentido, semelhante à *śāstra*, que traduziremos por "disciplina"; cf. 10, 14, 15, 128, 133, 136.

85 Cf. 26-7, 30, 41, 148, 153, 157.

ditem contradizê-lo. Pois não disseram os conhecedores do *brahman*: "mesmo uma parte do *brahman* não transgride seu *status* de possessor de todas as formas, não é incompleta";[86] "cada ponto de vista (*darśana*) é total e completo; o homem interior,[87] quando neste mundo, crê que cada um é incompleto e parcial"?[88]

O *praṇava*, então – escopo de toda permissão, cuja forma é toda Revelação, "pronome" (*sarvanāman*) da natureza subjacente, fonte do aparecimento e desaparecimento de todos os pontos de vista (*darśana*) –, ele, que se apropria da forma de todos os objetos contraditórios, é quem sempre permite a diferença no *brahman* e sempre a obstrui; e, seja pela permissão ou pela obstrução da diferença, a essência não se modifica, pois assim se diz:

Isto é uno, não é uno, e é ambos,
mas também não é ambos, e não é;|
quem se situa no ato afirma a desigualdade,
se no real, vê igualdade. [89]

---

86 Fonte desconhecida.

87 Aklujkar (comunicação pessoal) entende que aqui se trata do homem interior velado por *māyā* ou *avidyā*.

88 Fonte desconhecida.

89 *MBh 12.230.6.

10. Baseadas nos membros e submembros[90]
dele, o ordenador dos mundos,
evolvem diferentes ciências,
causas do aprimoramento e do conhecimento.

Ora, o Veda é quem ordena os mundos, compartilhando-lhes a natureza e neles apresentando-se como instrutor[91] em suas expansões e estamentos.[92]

Uns dizem que o Veda é o *praṇava* apenas, pois dizem que ele é a matéria (*prakṛti*) de toda palavra e sentido.[93] Desse ponto de vista (*darśana*), as diferentes ciências (*vidyābhedāḥ*), tendo a mesma natureza que o *praṇava*, não transcendem a essência do Veda (*vedatattva*).[94] Eis o que se diz:

Todas as palavras[95] *estão no Veda,*
quem não conhece o Veda de brahman *nada entende;*[96]

---

90 *Aṅga* e *upāṅga*. Os "membros" do Veda são as disciplinas auxiliares que servem à preservação da matéria textual védica: *kalpa* (ciência do rito), *jyotiṣa* (ciência do astros), *śikṣā* (fonética), *chandas* (Métrica), *nirukta* (Etimologia) e *vyākaraṇa* (Gramática).

91 Aklujkar (comunicação pessoal): "Como forma sutil, o Veda é *prakṛti*, como *upadeṣṭṛ* (instrutor), é o texto védico".

92 Subramanya Iyer dá *vivarteṣu vyasthāsu ca*; Aklujkar emenda em *vivarteṣu [ca] vyavasthāsu ca*, o que harmoniza a sintaxe do sintagma. *Vivarta* é o conjunto das formas manifestas (cf. I, §4); *vyavasthā*, aqui, parece se referir a toda sorte de ordenação que se produz quer pelo homem quer naturalmente.

93 Vṛṣabhadeva glosa: *sarveṣāṃ śabdānām arthānāṃ ca prakṛtiḥ kāraṇam*, i.e., "*prakṛti* é a causa (material) de todas as palavras e sentidos".

94 Ou "a verdadeira natureza do Veda".

95 *Sarvā vācaḥ*. Pode-se também dizer "todas as línguas".

96 Fonte desconhecida.

e ainda:

> *O Veda é a injunção, o afazer e o arrazoado.* [97]

Do *praṇava*, de seus membros e submembros, a saber, da Revelação, da Tradição e do Trayyanta,[98] provêm diferentes ciências (*vidyābhedāḥ*) [...], que são a causa do conhecimento adequado (*saṃyagjñāna*) e do aprimoramento do homem (*puruṣasaṃskāra*); causa do aprimoramento talvez porque o homem seja essencialmente conhecimento.

Derivadas dos membros do *brahman*, isto é, do Jyautiṣa[99] etc., são bem conhecidas no século diferentes ciências (*vidyābhedāḥ*), tais como o conhecimento augural;[100] dentre as derivadas de seus submembros, o conhecimento dos sonhos[101] e outras mais.

> 11. PRÓXIMA DESSE *BRAHMAN*,
> DENTRE AS ASCESES A ASCESE SUPREMA,
> PRIMEIRO MEMBRO DOS HINOS,[102]
> EIS O QUE DISSERAM DA GRAMÁTICA OS ENTENDIDOS.

O membro que conduz ao aprimoramento da forma do *brahman*-palavra[103] com vistas à aquisição da correção gramatical

97 I.e., a prescrição, o que é prescrito e o raciocínio (*tarka*) que determina, interpreta a prescrição. Fonte desconhecida.

98 Vṛṣabhadeva glosa: *trayyantaḥ upaniṣadaḥ, trayyantaḥ vedāntaḥ*, i.e., "Trayyanta são as *Upaniṣad*, Trayyanta é o Vedānta".

99 I.e., a Astrologia/Astronomia.

100 *Śakunajñāna*.

101 *Svapna-vipāka-yoni-jñānādayaḥ*. A expressão não é clara. O sentido possível do composto seria algo como "ciências tais como a que trata de saber pelos sonhos do nascimento que se vai ter como consequência da maturação do *karman*".

102 I.e., o Veda.

103 *Śabdabrahman*, aqui certamente um sinônimo de *brahmarāśi*, na acepção de *corpus* textual védico.

(*sādhutva*) é o auxiliar "próximo" (*āsanna*), imediato. A chamada "proximidade" (*pratyāsatti*) obtém-se por meio dum auxílio especial. Uma vez estabelecido pela norma[104] que "se deve alterar um texto [védico]", "o que se deve e o que não se deve alterar", é a Gramática a base para a modificação apropriada do gênero, número etc. Por ser a responsável pela obtenção do texto modificado, ela é chamada "próxima".[105]

"Dentre as asceses a ascese suprema (*parama tapas*)." Dentre aquilo que no século se considera como ascese – a formação do brâmane, dormir no chão, a imersão expiatória, o regime da lua etc. – e os estudos mais puros do Veda,[106] é a Gramática, por dar frutos especiais, tanto visíveis quanto invisíveis, a ascese mais recomendável (*abhikhyātama tapas*) – lega a tradição [gramatical] que se obtêm os frutos mais puros de todos os Vedas pelo conhecimento de nada mais que o catálogo dos sons.[107]

Ela é o "primeiro membro" em virtude de sua proeminência, pois assim disse [Patañjali]: "Entre os seis membros tem

---

104 I.e.,, norma da escola Mīmāṃsā; ou mesmo aqui o termo está pelo nome da escola, em oposição a *vyākaraṇa*, "Gramática", que aparece em seguida.

105 Cf. MBhāṣ 1.1.16: *ūhaḥ khalv api. sarvair liṅgair na ca sarvābhir vibhaktibhir vede mantrā nigaditāḥ. te cāvaśyaṃ yajñagatena yathāyathaṃ vipariṇamayitavyāḥ. tān nāvaiyākaraṇaḥ śaknoti vipariṇamayitum. tasmād adhyeyaṃ vyākaraṇam*, i.e., "Da 'alteração'. No Veda, os mantras não são recitados com (palavras) em todos os gêneros e todos os casos. Portanto, é mister que o ritualista os modifique de acordo [com a ocasião ritualística]. O não gramático não é capaz de modificá-los de acordo. Por isso, deve-se estudar Gramática".

106 Certamente uma referência às outras cinco disciplinas auxiliares do Veda (*vedāṅga*), cf. nota em 10.

107 *Akṣara-samāmnāya*. O estudo da Gramática começa com o estudo do quadro fonológico do sânscrito.

proeminência a Gramática, e o esforço em favor do membro proeminente frutifica".[108]

12. À SUPREMA SEIVA DA VOZ,
QUE ASSUMIU DIVISÕES DE FORMA,
À MAIS PROPÍCIA LUZ[109]
ELA É O CAMINHO MAIS FÁCIL.

A partir da essência da palavra indivisa, não serial e interior, "a voz (*vāc*) assumiu divisões de forma" – fonema, palavra e enunciado –, por meio da diferença nos pontos de articulação etc.

Ou mesmo, [a partir da essência etc.], "a voz", por meio da relação estável com os objetos, "assumiu" como significados sua apropriação das "divisões de forma" de *vacas* etc.

Ou, ainda, são as divisões da própria voz que se estabelecem como *vacas* etc.; e essas divisões, que têm como que a forma dos objetos exteriores, voltam a tomar forma de palavra. Assim é que, no tocante ao que é exterior, uns consideram que a relação entre palavra e sentido é de fato uma relação de causa e efeito (*kāryakāraṇabhāva*). Pois assim se diz:

O nome transformou-se em forma,
e a forma se estabeleceu como nome;|
uns este uno indiviso dividiram;
mesmo antes diferença já havia, outros afirmam.[110]

---

108 MBhāṣ 1.1.19.

109 Além de *jyotis*, a palavra usada para "luz" neste texto é *prakāśa*, que traduzimos por "lume".

110 *Vibhejuḥ*. "Dividiram", certamente por "afirmam que se dividiu"; "diferença", lit., "diferença de forma" (*rūpabheda*). Fonte desconhecida.

Chama-se "suprema seiva" (*parama rasa*) a suma da palavra (*śabdasamūha*)[111] cuja correção gramatical está estabelecida em virtude de sua capacidade de expressar sentido e de promover ascensão. Pois assim se disse: "a palavra sem o rito da Gramática é a borra da voz".[112]

"Essa luz puríssima" (*puṇyatama jyotis*). Aqui há referência a três luzes:

> *Três lumes* (prakāśa) *iluminam sua própria forma e a forma alheia, a saber, a que é o fogo, a que é a luz dentro dos homens e aquela luz, chamada "palavra", que ilumina o que tem e o que não tem luz própria; a ela tudo está atado, seja material ou imaterial, mova-se ou não se mova.*[113]

111 Parece conter a ideia do *brahmarāśi* como *corpus* textual verbal e ademais toda a extensão de uso das palavras gramaticalmente corretas; talvez seja eco da discussão sobre a extensão do uso da palavra na *Paspaśā* (MBhāṣ 1.9.20-23): *mahān hi śabdaprayogaviṣayaḥ: saptadvīpā vasumatī, trayo lokāś, catvāro vedāḥ sāṅgāḥ sarahasyā bahudhā vibhinnā – ekaśatam adhvavaryuśākhāḥ, sahasravartmā sāmaveda, ekaviṃśatidhā bahvṛcyaṃ, navadhātharvaṇo vedo –, vākovākyam, itihāsaḥ, purāṇaṃ, vaidyakam ity etāvac chabdasya prayogaviṣayaḥ*, "pois grande é o domínio de uso da palavra. A terra com suas sete ilhas, os três mundos, os quatro Vedas com seus membros (i.e., as disciplinas auxiliares) e com as *Upaniṣad*, [cada um deles] com várias divisões – 101 são os ramos do *Yajurveda*, mil vias tem o *Sāmaveda*, 21 o *Ṛgveda*, nove o *Atharvaveda* –, as obras de debate, os *Itihāsa*, os *I.e.*, e os textos de medicina, tamanho é o domínio de uso da palavra".

112 Fonte desconhecida. A operação gramatical, por meio da qual se separa a seiva (*rasa*) da borra (*ṛjīṣa*), recebe o mesmo nome do rito preparatório ou de purificação, *saṃskāra*; *ṛjīṣa* é a borra da planta soma, que é moída e bebida nesses ritos.

113 Fonte desconhecida.

"Ela é o caminho mais fácil" (*mārga āñjasa*). O sistema de regras gerais e particulares, através de sua aplicação e amplificação, resulta na aquisição integral, por um método breve, de todo o *brahman*-palavra (*śabdabrahman*),[114] e é o meio de inferir os eruditos que, sem instrução, adquiriram o conhecimento da palavra gramatical e incorrupta. Depois que se conhecem os eruditos, pelo emprego que fazem de palavras tais como *pṛṣodara*,[115] a Gramática torna-se então a causa da aquisição da correção [gramatical]. Ora, assim se disse:

quem não conhece Gramática
não conhece a verdadeira causa da relação entre palavra e sentido,
as palavras corretas ou incorretas, quando não há diferença de sentido,
nem sequer os eruditos inferidos pelo uso correto.[116]

13. AS PALAVRAS SOMENTE SÃO A BASE
DAS ESSÊNCIAS DO [SEU?] EMPREGO NOS SENTIDOS;
A INTELIGÊNCIA DA ESSÊNCIA DAS PALAVRAS
NÃO EXISTE SEM A GRAMÁTICA.

"A essência do emprego num sentido" (*arthapravṛttitattva*) é a intenção de expressar (*vivakṣā*), não o existir ou não como

114 Neste passo, parece referir-se à essência da palavra no seu aspecto manifesto mais puro de palavra aprimorada, depurada.

115 Significa "de ventre (*udara*) sarapintado (*pṛṣat*)"; é a palavra que representa uma classe de compostos de formação irregular (cf. A 6.3.109), cuja correção é assegurada apenas pelo emprego que deles fazem os eruditos (*śiṣṭa*). A formação regular deveria ser **pṛṣadudara*.

116 Fonte desconhecida.

objeto material. A intenção de expressar depende de formas apropriadas, pois, dentre os significados que por meio dela reúne, o falante emprega a forma apropriada a cada sentido. Da mesma maneira, quando se deseja apreender determinado objeto, aplica-se na apreensão apenas o sentido [físico] apropriado.

Outro explica que "a essência do emprego num sentido" é aquilo que é a causa auxiliar (*nimitta*) na comunicação, pois quando de uma causa auxiliar resulta um entendimento (*pratyaya*) semelhante a ela em objetos que a contêm, então o objeto pode ser comunicado. Por outro lado, se se separa [o objeto] das formas a ele associadas, não há comunicação relativa a seu estado isolado. Assim sendo, uma vez que as palavras (*abhidhāna*) assumem sua forma própria no âmbito dos universais, considera-se o universal (*sāmānya*) a base da palavra.

[...] Ou ainda, "a essência" (*tattva*) é a combinação (*saṃsarga*). Quando os sentidos das palavras, intimamente combinados, aparecem como se tivessem formas separadas, a comunicação tem por base o enunciado. De fato, se desaparece a percepção da combinação, nos sentidos das palavras [isoladas] não há qualquer combinação inerente que tome parte na comunicação.

Ou então "sentido" (*artha*)[117] é a coisa isolada (*kevala vastu*), nada mais que o objeto dos pronomes encabeçados por "isso" etc., indicadores de existência. Ainda assim, a essência do seu emprego é a combinação, pois o sentido, quando combinado

117 Lembramos que *artha* cobre tanto as acepções de "sentido" quanto de "referente" ou "objeto significado".

com a ação, ora é tido como elemento subsidiário, ora como elemento principal.

Ou então o "emprego" (*pravṛtti*) são as ações (*kriyā*) do nascer [ao morrer] que têm por base as formas finitas do verbo. A essência disso que se chama "emprego" é ele ser algo a realizar, possuir a expectativa dos meios de realização das ações, assumir forma serial, ser a causa da expansão do tempo. Já o sentido é outra coisa, é uma existência e nada mais, em qualquer dos três tempos[118] já realizada, que, no seu papel de significado, esvaída sua seriação, tem por base um nome.

Ou, ainda, qual "a essência do emprego [das palavras?] num sentido"? É uma unidade de entendimento (*pratyayātman*) cuja forma tem os traços da dos objetos e que é projetada nos objetos exteriores, tendo a palavra por base.

"A inteligência (*avabodha*) da essência das palavras." A essência da palavra é sua integridade, sua forma correta, de formação incorrupta, pois é isso que é íntegro na forma correta. Outras formas que se empregassem com a intenção de empregar as corretas seriam deficientes, daí chamadas corruptas.

14. Ela é o portal da emancipação (*apavarga*),
O TRATAMENTO DAS IMPUREZAS DA VOZ;
FILTRO DE TODAS AS CIÊNCIAS,
SOBRE AS CIÊNCIAS ELA RELUZ.

Quando se dá o conhecimento de que a essência da forma da palavra é a ausência de toda diferença, alcança-se a conjunção

118 I.e., passado, presente e futuro.

com ela pela contração da seriação. Quando, pelo uso correto, um mérito especial se manifesta, [o gramático],[119] acercando-se da entidade verbal magna (*mahant śabdātman*), adquire independência dos órgãos dos sentidos. Encontrada essa condição indiferenciada da voz, ele então segue *pratibhā* até *prakṛti*: dessa inclinação natural à pura existência, a que se chama *pratibhā*, pela prática recorrente da meditação de conjunção com a palavra (*śabdapūrvayoga*), ele alcança a natureza última (*parā prakṛti*), onde desapareceram quaisquer traços dos resquícios de toda e qualquer modificação.

É "o tratamento das impurezas da voz" (*vāṅmālānāṃ cikitsitam*) da mesma maneira que o Āyurveda o é das afecções do corpo (*śarīradoṣa*). Ora, o conhecedor da Gramática não emprega [formas] corruptas, que são causa de obstáculos; diz-se, com efeito, que "ele se refugia no conhecimento".[120]

É o "filtro de todas as ciências" (*pavitraṃ sarvavidyānām*) porque é a causa do aprimoramento delas. Ora, nas ciências apreende-se o sentido por meio da palavra. Diz o dito que

coisa estudada, não entendida e,
só por repetir, enunciada\|
é lenha seca fora do fogo:
inflama nada![121]

---

119 Lição incompleta: *vaiyā [karaṇo(?)]*.

120 *MBhās 1.2.28.

121 De autoria anônima, também citado no Nir 1.18, e no MBhās 1.2.15.

Há também este verso, cantado por alguém deveras sensato, que diz:

Explicam os videntes-mores que o filtro supremo na terra é a água,
que os mantras são o filtro supremo da água,\|
e que o filtro supremo do ṛc, *do* sāman *e do* yajus[122] *é a Gramática.*[123]

"Sobre as ciências ela reluz" (*adhividyaṃ prakāśate*). Ora, todos observam normalmente a Gramática no âmbito de sua própria ciência e, via de regra, envergonham-se de empregar formas corruptas.

[...]

15. "ASSIM COMO TODO UNIVERSAL DE SENTIDO
SE BASEIA NUM UNIVERSAL DE PALAVRA,
DA MESMA MANEIRA ESTA CIÊNCIA É, NO MUNDO,
O PONTO DE PARTIDA DE TODAS AS CIÊNCIAS;
16. ESTE É O PRIMEIRO PASSO
NOS DEGRAUS DA ESCADA DA PERFEIÇÃO,
ESTA É A VIA RETA REAL
DOS QUE DESEJAM LIBERTAR-SE;

---

122 *Ṛc* é a estrofe, nome que se dá ao hino védico, *sāman*, a canção, a modulação musical dos hinos, e *yajus* é a fórmula enunciada durante os sacrifícios.

123 Fonte desconhecida.

17. AÍ,[124] INDO ALÉM DOS CONTRASTES,
O SI (*ĀTMAN*) EM FORMA DE HINO[125] DIVISA
O MERO CORPO FEITO DE HINOS
FONTE DE TODOS OS HINOS;

18. A FORMA ÚLTIMA DA VOZ,
NA QUAL AS DIVISÕES DESAPARECERAM,
A LUZ PURA QUE SE EXPANDE
MESMO NESSA ESCURIDÃO,

19. O LUME (*PRAKĀŚA*)[126] QUE VENERAM OS QUE,
INDO ALÉM DO LUSTRE E DA ESCURIDÃO,
SUPERARAM A VISÃO DEFORMADA
DAS AÇÕES E DAS FORMAS,

20. LÁ ONDE AS CAUSAS DA VOZ,
COMO SIGNOS DUMA TRADIÇÃO DE ESCRITA,
PELO *YOGA* PRECEDIDO DA PALAVRA (*ŚABDAPŪRVA YOGA*)
FULGEM COMO UM REFLEXO,

21. AQUELE EM QUE OS FONEMAS VARIEGADOS
DOS HINOS DO *ATHARVAVEDA*,
DO *SĀMA*-, *YAJUR*- E *ṚGVEDA*
SE APREENDEM SEPARADAMENTE,

22. O UNO QUE, PELOS DIFERENTES PROCESSOS DE FORMAÇÃO,
SE DIVIDE DE MUITAS MANEIRAS,
ESTE SUPREMO *BRAHMAN* É ALCANÇADO
APLICANDO-SE À GRAMÁTICA."[127]

---

124 I.e., nessa ciência.

125 Trata-se dos hinos do Veda.

126 Neste mesmo verso ocorre outro termo semelhante, *āloka*, traduzido por "lustre". Veja-se *jyotis* em 12.

127 Esse conjunto de versos, apesar de não introduzidos pelo comentário – o que pode ser devido a uma lacuna – tem sido considerado

23. AÍ AS PALAVRAS, OS SENTIDOS E AS CONEXÕES [ENTRE ELES],[128]
FORAM TRANSMITIDOS COMO ETERNOS PELOS VIDENTES-MORES,
AUTORES DOS FORMULÁRIOS DE REGRAS
COM AS ANOTAÇÕES E DOS COMENTÁRIOS.[129]

A palavra é eterna (*nitya*), o sentido é eterno, é eterna a relação entre eles – essa é a fundação da disciplina (*śāstravyavasthā*).

---

pelos editores como citação, para alguns, parte do próprio texto em versos, e para outros, parte do comentário. A fonte é desconhecida.

128 Esse verso recupera uma parte do primeiro *vārttika* de Kātyāyana, que se lê completo *siddhe śabdārthasaṃbandhe lokataḥ, arthaprayukte śabdaprayoge, śāstreṇa dharmaniyamaḥ yathā laukikavaidikeṣu*, "Dado que a conexão entre palavra e sentido está estabelecida a partir do uso secular, que o uso da palavra é movido pelo sentido, pela gramática há uma restrição que visa o mérito, seja no âmbito do Veda (ritualístico) ou secular". Cf. MBhāṣ 1.7.16 e seguintes. Bhartṛhari usa *nitya* (constante, permanente; eterno) por *siddha* (realizado; estabelecido, fixado). No *Mahābhāṣya*, segue o *vārttika* longa discussão acerca do sentido de *nitya*, que é a glosa que Patañjali fornece para *siddha*. A conclusão parece apontar para a ideia de uma eternidade relativa, não absoluta. Essa ideia, expressa mais adiante por Bhartṛhari, é de que em qualquer tempo houve relação entre palavras e sentidos – em termos modernos, linguagem e seus objetos –, não de que cada relação específica entre palavra X e sentido Y sempre houve; também outro aspecto da ideia é de que, para os falantes, a palavra se apresenta como uma entidade pronta, estável: o falante não produz as relações de sentido, apenas adota-as.

129 A construção plural é incomum, mas não há dúvida de que *sūtra*, *anutantra* e *bhāṣya* são a *Aṣṭādhyāyī* de Pāṇini (VI/V AEC), o *Vārttika* de Kātyāyana (IV/III AEC) e o *Mahābhāṣya* de Patañjali (II AEC).

Ora, aí, quando se fala em palavra, faz-se referência ao universal da palavra, pois se diz: "É porque o universal (*ākṛti*) é eterno que a palavra é eterna".[130]

Essa disciplina se funda, portanto, na noção de universal. Diz Kātyāyana, com efeito: "ela foi estabelecida (*siddha*) a partir do ensinamento acerca do universal".[131]

Mas o universal aqui referido é diferente do *ser palavra* (*śabdatva*), que é um universal específico (*sāmānyaviśeṣa*). Ora, o ser palavra é inerente a um mesmo sentido de maneira compatível com todos os universais cuja inerência a um mesmo sentido é incompatível. Os universais específicos ser palavra, ser a palavra "árvore" etc., quando, na indecisão acerca do objeto, se expandem como indivíduos que adquiriram conformidade com a causa, são tidos por palavras. Portanto, assim como a um pote são inerentes de maneira compatível ser objeto, ser barro, ser pote etc., da mesma maneira, à palavra "árvore" são inerentes de maneira também compatível universais específicos como ser qualidade, ser palavra, ser a palavra "árvore" etc.

– Mas,[132] no caso de objetos como potes etc., cujas partes são estáveis (*vyavasthita*), não seria o todo a causa da manifestação do universal específico? Ora, cada indivíduo verbal (*śabdavyaktiviśeṣa*), porém, constitui-se de partes instáveis, de modo que partes que se produzem serialmente, sem simultaneidade, sem que sua forma se deixe especificar, não serão capazes de produzir uma forma na qual deixaram de existir as inúmeras causas inerentes, já que naquelas partes deveria haver

130 Fonte desconhecida.

131 V 18, MBhāṣ 1.23.21.

132 Objeção da escola Vaiśeṣika.

a inerência (*samavāya*) dos universais específicos. Quanto ao ser palavra estar completo em cada parte, vem a dar no mesmo, pois se se propõe que um universal específico esteja acabado em cada parte, a intelecção (*buddhi*) que captura a forma duma palavra específica, como "árvore" etc., haveria de produzir-se mesmo na enunciação isolada das partes *a-*[133] etc., quando da enunciação de não mais que uma parte da palavra.

Não há problema.[134] O que se passa no caso de ações específicas como atirar para cima ou para baixo, girar etc., que perecem assim que se produzem – [ora, veja que] aí as partes não só não são capazes de produzir uma ação que tome o lugar do todo, como também não se aceita que a inerência dos universais específicos de tais ações resultem de uma distinção entre elas nem, ainda, que na percepção de apenas uma parte delas se originem cognições (*pratyaya*) que contenham a especificação de sua forma, pois essas partículas de ações, causadas por esforços específicos, que, em cada parte, chegam mesmo a ser a base de atirar para cima e assim por diante, não determinam a intelecção cujo objeto é um universal específico, em virtude da dificuldade de determiná-las, porque, ainda que seja específica, essa intelecção é tal que nela não se manifesta a apreensão dos manifestadores específicos, razão pela qual não é possível que a ação no mundo se dê por meio dela, mas, quando o contínuo das ações de separação e conjunção, determinadas por um limite de espaço específico, toma forma serial, então dá-se o agir no mundo associado a um adjunto que é um uni-

---

133 Primeira vogal da palavra "árvore"; no original, *v-*, primeiro som de *vṛkṣa*, "árvore".

134 Resposta do gramático.

versal específico – [pois, então, o que se passa nesses casos] é o mesmo que se observa no caso de palavras como "árvore" etc., em que as partes específicas, *a-* e assim por diante, produzidas por esforços articulatórios específicos, são difíceis de determinar: mesmo que cada parte manifeste o universal específico da palavra, ainda assim não será possível a comunicação por meio desses universais da palavra cujos inúmeros manifestadores específicos não serão apreendidos, mas, quando a conexão das partes assume seriação, estabelece-se então a comunicação associada ao adjunto que é um universal específico da palavra.

Ademais, os gramáticos não admitem necessariamente o processo de manifestação do universal que se observa noutras ciências. Ora, não se produz, via de regra, a manifestação apenas daqueles [objetos] que se expandem na dependência de fatores de manifestação. Assim, mesmo que não seja inerente numa dada forma, o universal – antes não apreendido ou apreendido apenas indistintamente ao longo das intelecções que se vão produzindo serialmente, cujos traços se vão imprimindo por meio da apreensão das partículas sonoras do universal da palavra – determina-se quando o órgão interno (*antaḥkaraṇa*) é impresso pela última discriminação (*vijñāna*).

Ora, a existência desse universal da palavra infere-se do fato de que a cognição é a mesma, ou seja, dizer que "isto é aquilo",[135] quando formas específicas, tais como "árvore" etc., são empregadas seja por um homem, um papagaio ou uma *śārikā*.[136]

135 I.e., atribuir relação de identidade entre uma forma de palavra e um referente.

136 Pássaro que também repete palavras – *Gracula religiosa* ou *Turdus salica*. Cf. Monier-Williams e Pujol, s.v.

Mesmo os que não aceitam que se fale de universal propõem, ainda assim, uma forma constante, que é manifesta por sons diversos.

Já alguns[137] aceitam que em cada forma haja uma distinção de fonemas.

Ainda outros, por seu turno, pensam que, em cada fonema, cada palavra e cada enunciado, manifesta-se essa entidade verbal una (*eka śabdātman*), sob a aparência de formas cujas partes são produzidas serialmente.

Outros dizem que, uma vez que sua transmissão não se interrompe, que está em eterna operação, a palavra, que não tem início num ato criador por parte dos usuários, é eterna por eternidade de comunicação (*vyavāharanityatā*).

Mesmo a eternidade dos sentidos é aceita por alguns precisamente nesses mesmos termos, em razão da eternidade do universal. Pois assim disse [Patañjali]: " – Essa análise[138] como *siddhe śabde'rthe saṃbandhe ca* será apropriada em que sentido? – No caso em que o sentido [da palavra] seja o universal".[139]

Quantas sejam as teses (*pakṣa*) que se encontrem nessa seção do *Bhāṣya*,[140] em todas elas explica-se a eternidade do sentido em mais de uma forma, a qual deve ser, [portanto], observada de acordo com o que ensina o *Bhāṣya*.

"É eterna a conexão" (*nitya saṃbandha*). Uma vez que há identificação (*idaṃbhāva*), a conexão entre a palavra e o sentido, que estabelece que "X é Y", é inata, pois não se pode ensinar

---

137 I.e., os *mīmāṃsaka*.

138 Do composto no sintagma *siddhe śabdārtha-saṃbandhe*.

139 *MBhāṣ 1.7.7-8.

140 I.e., o *Mahābhāṣya* de Patañjali.

os sentidos; ela está estabelecida naturalmente (*svabhāvasiddha*), não é alguma coisa que antes não se conhecia e que um falante fabricou (*kṛta*) pela primeira vez para um ouvinte.[141] Por isso, a conexão entre palavra e sentido não tem início, nunca se interrompeu.

Ou a conexão entre palavra e sentido é uma compatibilidade condicionada por convenção (*samayopādhi yogyatā*), agindo como o iluminador para com o iluminado, assim como se dá entre os órgãos e os objetos dos sentidos.

Caso se aceite que as cognições, cujos reflexos têm a mesma forma dos sentidos, têm estatuto de sentido quando em contato com os objetos exteriores, como se a representação [mental] da sílaba (*akṣarakalpanā*) fosse também sua causa material (*akṣaranimitta*), [...?] então a conexão entre palavra e o sentido é uma relação de causa e efeito (*kāryakāraṇabhāva*),

141 Cf. MBhāṣ 1.7.26 e seguinte: *katham punar jñāyate siddhaḥ sabdo'rthaḥ sambandhaś ceti? lokataḥ. yal loke' rtham artham upādāya śabdān prayuñjate, naiṣam nirvṛttau yatnaṃ kurvanti. ye punaḥ kāryā bhāvā, nirvṛttau tāvat teṣāṃ yatnaḥ kriyate. tad yathā: ghaṭena kāryaṃ kārisyan kumbhakārakulaṃ gatvāha "kuru ghaṭaṃ, kāryam anena karisyāmi" iti. na tadvac chabdān prayokṣyamāno vaiyākaraṇakulaṃ gatvāha "kuru sabdān, prayokṣya" iti, tāvaty evārtham artham upādāya śabdān prayuñjate.* "Mas como se sabe que são constantes a palavra, o sentido e a relação? Pelo uso secular, pois no século empregam-se palavras em sentidos já aceitos, não há um esforço para produzi-las. Já quando se quer fazer uso de objetos, há um esforço para produzi-los, e.g.: precisando fazer alguma coisa com um pote, fulano vai à associação dos oleiros e diz: 'me faz um pote que eu preciso fazer tal e tal coisa com ele', mas não é assim com o sujeito que usa palavras; ele não vai à associação dos gramáticos e diz: 'me faz umas palavras que eu preciso usar', de modo que se usam as palavras em sentidos já aceitos".

cuja transmissão nunca se interrompeu. Disse [Patañjali], com efeito: "Mesmo os contadores de histórias, quando declamam os altos e baixos dos [personagens] do nascimento à morte, apresentam objetos mentais como existentes".[142]

"Pelos videntes-mores, autores dos formulários de regras etc." Indicam-se aqui apenas os autores de formulários, anotações e comentários gramaticais.

A eternidade da palavra, sentido etc. é aceita pelo simples fato de que se empreendeu a composição das regras [da *Aṣṭādhyāyī*], pois, se a palavra, o sentido etc. não fossem eternos, não haveria qualquer objetivo em empreender-se a criação da disciplina da Gramática. Grandes eruditos não se dignariam a pesquisar algo que fosse apenas comunicação, que não tivesse [outra] utilidade. Por isso, avançou-se uma disciplina de tradição (*smr̥tiśāstra*) acerca da palavra em que a correção (*sādhutva*) é fato estabelecido.

Outros, para sustentar a eternidade, aduzem regras como: "Isso não é preciso ensinar, pois a palavra em si mesma já o comunica".[143]

Nas anotações (*anutantra*),[144] [aduzem-se] os seguintes passos [testemunhando a eternidade da palavra]: "Dado que a relação entre palavra e sentido está estabelecida (*siddha*), ...";[145] "Está estabelecido (*siddha*) porque ser palavra está estabelecido";[146]

142 MBhāṣ 2.36.17-18.
143 A 1.2.53.
144 I.e., o *Vārttika* de Kātyāyana.
145 V 1, MBhāṣ 1.6.16.
146 Aparentemente do MBhāṣ, porém não identificada.

"A palavra é o *sphoṭa*,[147] o som resulta de exercitá-lo";[148] "Qualquer palavra é substituto de qualquer palavra".[149]

No *Bhāṣya*, por sua vez, diz-se: "No *Saṃgraha*,[150] o que se examina em primeira instância é se a palavra é eterna".[151] Na passagem do *Bhāṣya* que comenta a anotação, há o seguinte: "Se as palavras são eternas, os fonemas deverão ser invariáveis, como que inatingíveis...".[152]

Da mesma maneira, ainda em relação à eternidade comunicacional, aduzem-se também estes exemplos: "A *khadira* e a *barbura* têm ambas folhas finas, os galhos esbranquiçados. A *khadira* é a que tem espinhos";[153] "As mangueiras ficam a leste da vila. As cheias de seiva, com cipós rebentando adiante e folhas largas, são *nyagrodha*".[154]

Ou, [retomando a questão dos autores dos formulários etc.], os eruditos (*śiṣṭa*) que, na experiência direta do *dharma*, compuseram formulários, anotações e comentários relativos a cada tipo de instrução, transmitiram que também na Gramática são eternas a palavra, o sentido e a relação entre eles. Ora, os eruditos possuem autoridade (*prāmāṇya*) estabelecida no século (*loka*).

---

147 Nesse contexto, *sphoṭa* parece se referir ao nível fonêmico da língua.

148 Fonte desconhecida.

149 MBhāṣ 1.75.13. A formulação não nos é clara.

150 O *Saṃgraha* de Vyāḍi (VI AEC) é obra perdida; a maior parte dos fragmentos dela se encontram citados nas obras de Bhartṛhari.

151 *MBhāṣ 1.6.12-13.

152 MBhāṣ 1.18.14-15.

153 *MBhāṣ 1.113.12-13.

154 *MBhāṣ 1.137.19-20. O teor dos exemplos não nos é claro.

24. (I) OS SENTIDOS DE ABSTRAÇÃO,
(II) OS DE MARCAS ESTÁVEIS,
(III) AS PALAVRAS ANALISÁVEIS
E (IV) AS EXPLICATIVAS,[155]
25. AS RELAÇÕES ESTABELECIDAS COMO (V) CAUSA E EFEITO
E COMO (VI) COMPATIBILIDADE,
QUER DE FORMAS CORRETAS OU INCORRETAS,
AUXILIARES NO (VII) MÉRITO E NO (VIII) ENTENDIMENTO,
26. NESTE TRATADO, ISSO É EXPLANADO
COM SINAIS E EM SUAS PRÓPRIAS PALAVRAS;
PARTE SOMENTE É SEGUIDA DE ACORDO
COM O LEGADO À GUISA DE MEMORIZAÇÃO.

Nessas três estrofes encerra-se a introdução.

Chama-se "sentido de abstração" (*apoddhārapadārtha*) ao sentido imerso completamente numa combinação que, dela então se separando numa forma hipotética e dedutível, é abstraído. Separado, ele é uma forma daquela coisa primeira que não serve à comunicação, mas que é estabelecido normalmente pela replicação das cognições de cada um (*svapratayānukāra*), de acordo com o Legado (*āgama*), devido ao exercício do cultivo [mental] (*bhāvanābhyāsa*) e por conjectura (*utprekṣā*). Somente assim, [a saber], de acordo com a necessidade, por concordância e diferença (*anvayavyatireka*) e pela formulação de continuidade entre uma forma e outra, é que essa forma se funda, no âmbito de uma unidade verbal indivisa (*apravibhāga śabdātman*), como significado das formas abstraídas do todo (*samudāya*).

---

155 I.e., que servem à prática da análise, *saṃjnā* (termos técnicos), *pratyāhāra* (ícones gramaticais) etc.

Esse sentido de abstração segue tanto a prática da disciplina gramatical quanto a prática de análise secular, que é semelhante à da Gramática.

Quando se baseia numa palavra isolada, o sentido de abstração não pode ser caracterizado quer como existente ou inexistente, por exemplo, "árvore", "figueira", pois, caso se remova a forma verbal, não há como determinar as unidades de sentido (*arthātman*) especificadas em cada palavra. Desde que ações particulares excludentes não suspendam a ideia de existência como causa do emprego das palavras, o verbo "ser", no presente, terceira pessoa, mesmo que não seja empregado, admite-se que esteja implicado nas palavras isoladas, tais como "árvore" etc. Essas formas verbais implicadas, que não se distinguem das palavras isoladas, explicar-se-ão como "enunciados" (*vākya*).[156]

Ademais, esse sentido de abstração, ainda que seja expresso por uma única forma isolada – como no caso do sentido da palavra anterior, da última e da exterior, bem como do sentido das bases, raízes e afixos –, por ser irrestrito e se deixar analisar de muitas formas, é abstraído por cada um de maneira diferente.

"O sentido de marcas estáveis" (*sthitalakṣana artha*) é algo que se determina na forma do enunciado; ele se divide em paradigmas hipotéticos [?] (*kalpoddeśa*), mas é específico, uno, ação é a sua natureza básica; pode-se analisá-lo por meio da discriminação de diferentes sentidos, porém, mesmo que se percebam diferenças, no instante em que a intuição se recompõe, ele não é diferente [do sentido de formas denominativas, como] *namasyati* "reverencia", *saṃgrāmayate* "guerreia", *muṇḍayati* "tosa", *kuttayati* "mói", *carvayati* "mastiga".[157]

---

156 Cf. TK 2.270, 326, 412.

157 Essa classe de verbos, chamados denominativos, são analisados semanticamente pela fórmula [nome + verbo "fazer"]: *namasyati* =

Mas e quanto a isso que se diz: "Ou talvez não, já que se usa a palavra num sentido"?[158] Aí se trata da palavra associada à ação, ou então é o caso de que se esteja aceitando nada mais que o entendimento de acordo com o senso comum [?] (*saṃpratyayānugama*).

Diz-se ainda, em relação à aceitação do uso da palavra num sentido: "Ora, tem sentido o que termina com os sufixos *kṛt* e *taddhita*,[159] não os sufixos isoladamente".[160]

"As palavras analisáveis" (*anvākhyeya śabda*). Uns entendem que a análise se estende ao vocábulo (*pada*); outros, que se estende ao enunciado (*vākya*).

No caso da análise que se estende à palavra, na delimitação da forma de uma única palavra em virtude da identidade do som, as palavras que passaram por uma derivação (*labdha-saṃskāra pada*) apenas de caráter geral [?] (*sāmānyamātra*), assim que os sentidos se aproximam por meio da relação com outras palavras, mesmo que as especificações da forma ali se ajuntem, prorromperiam tomando apenas aquela derivação implícita que se encontra em caráter geral. Nesse caso, a palavra *śukla-*, "branco", no número singular e no gênero neutro, seria ouvida relacionada com bases de gênero e número diferentes.

---

namaḥ karoti, "faz uma reverência", *saṃgrāmayate* = *saṃgrāmaṃ karoti*, "faz guerra", e assim por diante. A ideia do parágrafo é de que, ainda que se deixem analisar dessa forma, tanto o sentido de formas estáveis (i.e., o sentido do enunciado) quanto o sentido dessas formas exprimem o sentido como um todo, sendo a análise um procedimento *a posteriori* que, ademais, pode divergir entre diferentes analistas.

158 V 19, MBhāṣ 1.237.11.

159 Nomes dos afixos primários e secundários na gramática de Pāṇini.

160 *MBhāṣ 1.319.6.

Trata disso esta regra: "Também no caso dos qualificadores, exceto os nomes de classe, [número e gênero seguem a base nominal]",[161] que diz que, mesmo se a base externa ainda não se apresenta, os números e gêneros dos termos que denotam qualidade se seguem de acordo com a base.

No caso da análise que se estende ao enunciado, quando uma qualidade plenamente associada é por todos os lados delimitada pela base que qualifica, não há sentido geral (*sāmānyārthatva*), pois não há qualquer discriminação (*aviveka*). Sobre isso, diz [Patañjali] : "É natural".[162]

Assim, na derivação [gramatical] que incide numa palavra de um composto *dvaṃdva*,[163] "o apagamento [dos sufixos] se aplica aos membros que não vão para o plural".[164] Mas, se se toma como ponto de partida a derivação relativa ao todo, diz-se "ou talvez não, porque num *dvaṃdva* todas as palavras têm sentido plural".[165]

Também se consideram como referentes à análise extensiva ao vocábulo regras como: "Frequentemente o qualificador [é semelhante] ao qualificado";[166] "O termo de comparação [também pode entrar em composição] com o que veicula um sentido geral".[167]

161 A 1.2.52.

162 MBhāṣ 1.430.11.

163 Composto copulativo, i.e., no qual está implícita a conjunção copulativa "e", e.g., *rāmalakṣmaṇau*, "Rāma e Lakṣmaṇa"; cf. A 2.22.29 *cārthe dvaṃdvaḥ*, "O (composto) *dvaṃdva* (é usado) no sentido da (conjunção) *ca* (e)".

164 V 5 MBhāṣ 1.490.

165 V 8 MBhāṣ 1.491.

166 A 2.1.57.

167 A 2.1.55.

Aceitando-se a analisabilidade da palavra, palavras explicativas hipotéticas (*parikalpita pratipādaka śabda*) serão aceitas como responsáveis pela derivação de um conjunto de palavras diferentes delas, tais como *bhu la*, *bhu ti*, *bhu a ti* etc.[168]

"A relação de causa e efeito" (*kāryakaraṇabhāva*). Quando uma cognição – a qual, acompanhada apenas do reflexo da forma dos sentidos, tem sua forma sobreposta nos objetos – é determinada como sentido, então a palavra é a causa dessa unidade de sentido. Ora, a percepção da delimitação do sentido, em virtude do conhecimento geral da relação entre ele e a palavra na forma de identidade "X é Y", é a causa do emprego da palavra que reside no órgão interior e que se manifesta em forma de som.

Em virtude da relação de iluminador e iluminado que se dá entre palavras e objetos específicos – assim como se dá entre os órgãos e os objetos dos sentidos –, há entre aqueles que expressam, cuja correção é de conhecimento geral e não desviada, e os que são expressos uma "compatibilidade" (*yogyatā*) que se realiza ininterruptamente por meio de uma operação sem agente (*akartṛvyāpāra*). No caso das relações desconhecidas, [a compatibilidade] é condicionada por convenção (*samaya*), quando da primeira comunicação.

Nesse caso, a conexão entre uma forma correta e o sentido, quando há conhecimento ou quando o uso é gramatical, contribui para a manifestação do mérito (*dharmābhivyakti*). Ora, quando surge uma cognição específica, [a conexão entre forma correta e o sentido] se estabelece via percepção direta (*pratyakṣa*). As formas corruptas, porém, vêm a integrar cogni-

168 Esse parágrafo se refere ao quarto tópico da *Trikāṇḍī*, (iv) *prātipadaka*, i.e., formas artificiais que servem ao jargão técnico dos gramáticos.

ções específicas em virtude de uma conexão com o *relatum* via inferência (*anumāna*), como se dá num piscar de olhos etc.[169]

[Retomando o trecho de 26]

> ... isso é explanado
> com sinais e em suas próprias palavras;
> parte somente é seguida de acordo
> com o Legado à guisa de memorização.

Ora, se se abstrai do todo, para o uso gramatical, um constituinte do sentido antes em plena associação, pode haver diferentes concepções (*bhedavikalpa*) entre os homens acerca de qual limite seja a causa dos sentidos.[170] Como sabemos se o sufixo causativo (*ṇic*) se apresenta quando o sentido a veicular possui uma causa, ou porque a raiz já existe no sentido causativo? No caso da regra "[os sufixos *ṭāp* etc. se usam] no feminino",[171] os sufixos *ṭāp* etc. expressam o feminino ou a base tem o sentido feminino e eles um sentido próprio? No caso da regra "*nañ*",[172] qual o sentido principal no composto? [Essas concepções não se acham entre os falantes], pois não há desvio no sentido secular, que é um todo.

Dado que as concepções (*vikalpa*) dos homens não são eternas, aceita-se aquela que não altera a fundação da ciência [da Gramática]. Da mesma maneira, há diferentes teses (*pakṣabheda*) baseadas nas concepções dos homens (*puruṣavikalpādhīna*), por exemplo, "os sentidos das desinências flexionais são unidade etc., objeto etc.; os sentidos das bases são cinco, quatro ou três".

---

169 Retoma-se a ideia nos dois últimos versos.

170 I.e., da unidade que representa a significação.

171 A 4.1.3.

172 A 2.2.6.

Também a ação, os auxiliares de sua realização, o tempo etc. foram por alguns analisados, de certa maneira, como sentido: "A raiz com os casos à sua volta, com marcas de ação e tempo, pessoa e número é chamada verbo; o que tem marcas de gênero, número e caso é chamado 'nome'";[173] "Para o estado e a ação emprega-se a voz média, para o agente, a voz ativa".[174]

Aceite o fundamento de que são hipotéticas as abstrações [?] (*apoddhāraparikalpanāvyavasthā*), [o que diz Patañjali, a saber, que] "depois de veicular o sentido, a palavra, que agora é independente, fala do objeto que com ela está intimamente associado",[175] é nada mais que uma descrição (*anugama*) da regularidade que se encontra na sequência de apreensão, pois não é possível que haja um processo de veiculação serial, em estágios, do sentido da palavra, depois do objeto, já que a palavra é pronunciada apenas uma vez e nunca está dissociada do sentido.

Essa sequência de apreensão (*pratipattikrama*), quer no caso do ouvinte, quer no do falante, não é algo fixo: a coisa em si mesma é qualificada por todos os possíveis qualificadores, um complexo de elementos em associação que se tornam simultaneamente objetos de uma única intelecção; esta é analisada apenas num momento posterior por meio de outras intelecções. Se não se reconecta o que se analisou, não surge a intuição para a ação (*arthakriyāviṣayā pratibhā*) que é a marca de existência do objeto, razão pela qual o ouvinte intelige [?] (*pratyavamṛśati*) apenas a forma integral [do enunciado] (*saṃsargarūpa*). No que

173 Fonte desconhecida.

174 Fonte desconhecida.

175 MBhāṣ 2.424.

tange à sequência em que aquele falante ou ouvinte apreende os constituintes do enunciado por meio de análise, mesmo nesse caso ela não segue um padrão regular no processo de intelecção (*buddhikrama*), ora pela proximidade [semântica] dos constituintes, ora porque eles recobrem categorias [semânticas] mais extensas, ora porque ela realça aquilo que revela a causa da manifestação do sentido, ora por um desejo especial de apreender ou, enfim, porque é apropriada para capturar as impressões [mentais]. Acerca disso, diz-se:

> *Una, em função dos diferentes poderes*
> *que replicam os modos de funcionamento do intelecto,*
> *essa entidade (*bhāvātman*) é dividida*
> *de maneiras diversas pelos* jñānavādin.[176,177]

Quanto a ter marcas estáveis, na Gramática, esse é o caso ora do sentido da palavra, ora do sentido do enunciado. Pois assim se diz: "Ou talvez não, já que se usa a palavra num sentido";[178] "O que sobressai aqui é o sentido do enunciado".[179] No *Saṃgraha* se diz também:

> *Em nenhum lugar, há uma coisa chamada*
> *"palavra", regularmente estabelecida.*
> *Quer a forma, quer o sentido das palavras*
> *originam-se do sentido do enunciado apenas.*

---

176 A expressão não nos é clara. Tradução possível seria "propositores (*vādin*) da cognição (*jñāna*)".

177 Fonte desconhecida.

178 V 19, MBhāṣ 1.237.11.

179 MBhāṣ 1.462.4-5.

De fato, quando se faz um recorte [analítico] (*rūpaparigraha*) da forma [da palavra] que se apresenta para análise, observa-se que não há regularidade no processo de divisão de bases e afixos etc. (*prakṛtipratyayādi*), como no caso de Marutta, Indrāṇī, *aikagārika*, Giriśa, *śrotriya*, *kṣetriya*[180] etc.

Já no que diz respeito à análise que tem por base o enunciado, diz-se:

> *Do sentido [do enunciado], a palavra com seu sentido,*
> *da palavra, a explicação do sentido do enunciado;*
> *[...?],*[181]
> *a palavra dum agregado* (saṃghāta) *de fonemas.*[182]

A conexão entre a palavra e o sentido foi também ensinada como relação de causa e efeito, por exemplo, em: "Mesmo os contadores de histórias, quando declamam os altos e baixos das personagens do nascimento à morte, apresentam objetos mentais como existentes".[183]

---

180 Marutta é o nome "de um *cakra-vartin*, ou imperador universal, descendente de Manu Vaivasvata, que vai celebrar um sacrifício muito esplendoroso" (Pujol, s.v.); Indrāṇī é a mulher do deus Indra; *aikagārika* é "ladrão"; Giriśa é outro nome de Rudra; *śrotriya* é uma pessoa que conhece a *śruti*, a "tradição revelada"; e *kṣetriya*, enfim, é nome de uma doença incurável (cf. Monier-Williams, s.v.). Para as diferentes análises morfológicas de cada termo, cf. Subramanya Iyer, 1965, p.40, nota 25.

181 Verso de sentido obscuro em virtude de problemas de transmissão: "*padavyutpattau vākyastham padam...*".

182 Fonte desconhecida.

183 MBhāṣ 2.36.17-18.

Essa conexão também foi explicada como uma compatibilidade em diferentes passos: "A significação é natural";[184] "Tratando-se da mesma a cor, *śona*, 'vermelho', *karka*, 'preto' e *heman*, 'branco', que se aplicam ao cavalo, não se empregam no caso do boi ou outro animal".[185] E se diz ainda: "Entre aqueles que desejam e estudam a mesma coisa, alguns alcançam seus objetivos, outros não"[186] etc.; e, ainda, "As raízes que contêm o marcador *ñit* e o acento circunflexo ensinadas pelo mestre [Pāṇini] são de dois tipos: aquelas em que o fruto da ação se volta para o agente, e aquelas em que não".[187]

Recita o autor do *Saṃgraha*:

> *Se há separação* (asaṃbheda) *entre palavra e sentido,*
> *há descontinuidade na comunicação,*\
> *razão pela qual se estabeleceu*
> *a identidade* (tattva) *entre palavra e sentido.*

E diz ainda:

> *Não há um autor da conexão entre as palavras [e os sentidos], seja no século, seja no* Veda, *pois como, apenas pelas palavras, poderia ter sido fabricada a relação entre as palavras [e os sentidos]?*

184 V 33, MBhāṣ 1.242.5.
185 **MBhāṣ 1.251.5-7.
186 V 15, MBhāṣ 1.31.22-23.
187 I.e., voz média e ativa. *MBhāṣ 1.292.22-23.

27. ESTABELECIDAS PELOS ERUDITOS VIA LEGADO,
AS [PALAVRAS] CORRETAS SÃO UM MEIO DE REALIZAÇÃO DO *DHARMA*;
JÁ AS INCORRETAS, NÃO HAVENDO DIFERENÇA
NA VEICULAÇÃO DO SENTIDO, SÃO ADVERSAS.

Assim como outros meios de realização do *dharma*, transmitidos sem interrupção em virtude da tradição de ensinamento herdada pelos eruditos, foram estabelecidos inquestionavelmente, e assim como se proíbe roubar, mentir, cometer violência etc., mas não se proíbe nem se prescreve soluçar, rir, coçar-se etc., da mesma maneira o estabelecimento das formas corretas e incorretas, cuja transmissão é também ininterrupta, está fixado inquestionavelmente com base apenas no Legado (*āgama*).

28. QUER SEJA ETERNA OU CRIADA,
AS [PALAVRAS] NÃO TÊM INÍCIO
E, ASSIM COMO NO CASO DOS SERES VIVOS,
ESSA CONDIÇÃO SE CHAMA "ETERNIDADE".

Se o que há é a expansão de palavra eterna,[188] modificações, isto é, nascimento, crescimento etc. de palavra [pre]existente, ou ainda a nominabilidade ou não de palavra que não existia [previamente],[189] seja como for, não há ponto primeiro onde a comunicação não estivesse em atividade; nem ponto final.

188 Concepção semelhante à das escolas Mīmāṃsā e Sāṃkhya.
189 Concepção semelhante à das escolas Nyāya, Vaiśeṣika e Bauddha (budista).

Aqueles que afirmam que *īśvara, kāla*, o *puruṣa* e o *kṣetrajña*[190] são princípios diferentes entre si, os que consideram que tudo não é mais que insciência sem *īśvara, kāla, puruṣa* ou *kṣetrajña*, e ainda os que declaram como causa uma entidade universal que é sem anterioridade ou posterioridade e na qual se confundem, sem transgredir sua unidade, as receptações dos reflexos das formas de poderes inumeráveis e contraditórios, para todos eles não há lugar primeiro no tempo onde a vida humana (*prāṇin*) não estivesse em atividade.[191]

Ora, essa atividade que é sem começo e ininterrupta é o que se chama "eternidade da comunicação" (*vyavahāranityatā*). Pois se diz: "Eterno é aquilo em que a essência (*tattva*) não perece".[192]

29. Se fosse inútil, ninguém
HAVERIA DE CRIAR ESSE ARRANJO (*AVASTHĀ*);
POR ISSO É COMPOSTA POR ERUDITOS
UMA TRADIÇÃO CUJO DOMÍNIO É A CORREÇÃO (*SĀDHUTVA*).

Ora, que erudito, ainda que tenha a mente confusa, que desdenhe o século, ousaria estabelecer uma regra de acentuação

---

190 Respectivamente, divindade, tempo, "espírito" e "conhecedor do campo". Na doutrina do Vedānta śaṃkariano, posterior a Bhartṛhari, *īśvara* é o *brahman* condicionado pela insciência (*avidyā*), a forma por meio da qual ele se relaciona com o mundo; o tempo, para várias escolas de filosofia indianas, é o principal motor das mudanças que se veem no mundo – para Bhartṛhari, e.g. (cf. 3), é o principal poder do *brahman*; o "espírito", para a escola Sāṃkhya, é o princípio que se opõe a "matéria" (*prakṛti*), a forma pura da consciência individual; o conhecedor do campo, termo que remonta às *Upaniṣad*, é outro nome para o *ātman*, o si, forma do *brahman* que reside em cada um.

191 O que implica a atividade com a palavra, a comunicação.

192 MBhāṣ 1.7.23.

ou para uma operação [gramatical] aplicável às palavras seculares e védicas – regra essa que é difícil de conhecer, estudar e aplicar – se ela não tivesse utilidade? Portanto, mesmo que uma regra inútil fosse criada por um deles, ela não seria aceita por outros eruditos ou não teria autoridade no século entre os que conhecem o assunto.

Por essa razão, arregimenta-se uma tradição sem começo, cuja regularidade foi transmitida pela ordem sucessiva dos mestres, que fornece o critério para inferir quem são os eruditos, que é incorrupta, e que ora tem base textual nos torneios das regras e de suas amplificações, ora não.

30. Sem o Legado, o *dharma*
não se estabelece pelo raciocínio (*tarka*):[193]
mesmo o conhecimento dos videntes
é precedido do Legado.

Nenhum pensador, ainda que vá longe, vai além da natureza das coisas. No caso da determinação dos frutos de ações de propósitos invisíveis, depende-se do Legado para conhecer-lhes a natureza. Que confiança pode haver nos arrazoados dos homens (*puruṣatarka*) se neles não são estáveis as relações de semelhança e diferença, se por meio deles não se alcançam certezas?

Nos círculos de cada escola de saber, onde se fala dum *dharma*[194] pessoal supremo, que transcende a razão, conta-se ali que os videntes manifestam um conhecimento visionário

193 Cf. 31, 151-3.

194 Nesse contexto, *dharma* é o mérito adquirido pela vida de acordo com o *dharma* da tradição (cf. "*dharma* herdado" logo a seguir), i.e., a ordem eterna das coisas.

de todo e qualquer objeto depois de se terem aprimorado por meio do *dharma* herdado (*āgamika dharma*). Ora, se esse [conhecimento] fosse natural, o esforço não teria relação com o fruto, e da natureza também poderia resultar um obstáculo tal e qual.

31. Ademais, as sendas ininterruptas do *dharma*
que se acham instituídas,
dado que se fixaram no mundo (*loka*),
ninguém as refuta pelo raciocínio.

Ainda que as práticas dos eruditos contenham muitas alternativas, há vias de aquisição do bem-estar do homem que são compartilhadas e conhecidas por todos. Nesses casos, proceder de outra forma é causa de dissabor secular. De fato, em nenhum momento o raciocínio fez com que se abdicasse dessas vias, não obstante haver quem avance uma conduta contrária à boa conduta secular, ainda que repreensível, apoiando-se numa seção[195] do mesmo Legado.

32. Uma vez que os poderes são diferentes
segundo a diferença de tempo, espaço e condição,
é muito difícil, pela inferência,
a fixação dos objetos (*bhāva*).

O conhecimento do termo invisível da relação de inferência, que se origina da observação do termo visível ou do que a ele se assemelhe, o qual se crê invariavelmente associado ao primeiro, não serve para fixar de maneira conclusiva um objeto que não pertence ao âmbito da percepção direta.

---

195 I.e., numa parte, num fragmento fora de contexto.

De fato, as naturezas dos seres, forças etc., [determinadas duma maneira] em certas condições (*avasthā*), variam, noutro momento, noutras condições, observáveis ou não pelo homem. Mesmo de objetos exteriores, tais como sementes, plantas etc., apreende-se certa variação de poderes de acordo com a diferença de condição.

Dá-se o mesmo pela diferença de espaço (*deśa*): o toque da água no Himalaia é extremamente frio; já num poço aquecido ou numa nuvem de chuva,[196] o toque de outras formas da mesma água parece extremamente quente. Assim sendo, enganada pela semelhança formal, incapaz de ver o pormenor, apenas pelo Legado a pessoa de visão ordinária vem a captar uma diferença difícil de conhecer, não diretamente perceptível.

E o mesmo pela diferença de tempo (*kāla*): no verão ou no inverno, o toque da água dum poço, por exemplo, parece extremamente diferente. Assim sendo, determinada apenas por meio da inferência, uma condição específica, sutil, inacessível ao homem comum, imperceptível sem o auxílio do olhar fornecido pelo Legado, quem em sã consciência a tomaria por conclusiva?

33. NO CASO DE SUBSTÂNCIA (*DRAVYA*) QUE POSSUI O NOTÓRIO PODER
DE PRODUZIR ESTE OU AQUELE RESULTADO,
QUANDO EM RELAÇÃO COM DETERMINADA SUBSTÂNCIA,
ESTE PODER É OBSTRUÍDO.

A mesma capacidade visível que tem o fogo, por exemplo, de produzir modificações na madeira e noutros objetos anula-se

196 A ideia é obscura.

em certos objetos, como num *abhrapaṭala*.[197] Da mesma maneira, com mantras e o suco de certas plantas, é possível barrar a combustão mesmo de objetos altamente combustíveis. Assim, poderes que se observam, num contexto, em certos objetos são, noutros contextos, insondáveis (*duravasāna*).

34. Um objeto (*artha*), ainda que inferido com zelo
por inferidores competentes,
por outros mais aplicados
é de outra maneira constatado.

– A substância (*draya*) é diferente dos atributos (*guṇa*) por causa da limitação.[198] Por exemplo, quando há diferença entre o qualificador e o qualificado (*viśeṣaṇa, viśeṣya*), "reino" é qualificado por "rei", não por "renunciante",[199] "perfume" é qualificado por "sândalo", não por "cor". Por isso, quando se estabelece um objeto pela inferência supracitada, a saber, de que a substância é diferente das qualidades, dir-se-á que o raciocínio não é apropriado.

---

197 Lit., "massa de nuvens". A referência é obscura; Aklujkar acredita tratar-se de uma denominação metafórica para alguma substância resistente ao fogo, como o asbesto ou o amianto.

198 Os parágrafos do comentário arrolam exemplos de procedimentos analíticos inferenciais sobre o problema da relação entre a substância e os atributos, cada um deles chegando a diferentes conclusões. A intenção dos exemplos parece ser apenas ilustrar a instabilidade da inferência como meio de conhecimento seguro dos objetos, e não discutir as ideias em si mesmas.

199 Nas expressões: "o reino do rei/renunciante", "perfume de sândalo/cor".

– A substância é diferente dos atributos, por ser a base de significados específicos e não específicos. Como é isso? Tem sentido "perfume", por exemplo, ser qualificado por "sândalo", o qual expressa uma forma específica. Mas, pelo fato de "cor" expressar apenas a cor, a qualificação de cor por cor não tem sentido, uma vez que já é sabida. É assim que, à pergunta "De quem é esse homem?", responde-se "do rei", para determinar outro traço específico, não "do homem", uma vez que isso já se sabe.

Outros dizem: – Ainda que a estrofe seja um agrupamento de palavras, é a palavra que se qualifica pela estrofe, não a estrofe pela palavra.

Outro diz ainda: – É precisamente pela aceitação de que formam uma unidade que "perfume", por exemplo, é qualificado por "sândalo", mas não por "cor". Isso não se sustenta, por causa da incompatibilidade. A causa do contra-argumento é a contiguidade ou não de uma forma determinada [de palavra].

Por isso, ao se dizer que o visível se infere do visível, isso se sustenta, uma vez que entre eles não há incompatibilidade.

Assim, os componentes que, estabelecidos para ações específicas, levam à inferência de que se vai cozinhar etc. são empregados por alguns para iludir.

35. INCOMUNICÁVEL A OUTROS,
ORIGINA-SE DA PRÁTICA APENAS
O DISCERNIMENTO (*VIJÑĀNA*) DE MOEDAS E PEDRAS PRECIOSAS
DOS QUE O POSSUEM, NÃO PERTENCE AO DOMÍNIO DA
INFERÊNCIA.

Ora, os peritos em moedas, pedras preciosas etc. não são capazes de comunicar a outros as causas – demasiado sutis, para as quais não se encontra terminologia bem estabelecida – que lhes permitem identificar (*samadhigama*) um *kārṣāpana*,[200] por exemplo, ainda que delas possam formar uma imagem mental (*kalpayitvāpi*). Também a diferença entre as notas *ṣadja*, *ṛṣabha*, *gāndhāra*, *dhaivata*[201] etc., que pertence ao âmbito da percepção [direta] (*pratyakṣa*), sem a prática (*abhyāsa*), pessoas competentes, mesmo que muito se apliquem, não a percebem.

36. PARA ALÉM DA PERCEPÇÃO
E DA INFERÊNCIA ESTÃO INSTITUÍDOS
OS PODERES DE *RAKṢAS*, *PITṚ* E *PIŚĀCA*,[202]
QUE RESULTAM NÃO MAIS QUE DE SEUS ATOS.

Comunicar palavras aos surdos enquanto dormem, ver objetos diminutos dentro de uma casa sem quebrar os constituintes densamente compactados das paredes, fatos bem conhecidos em todos os discursos, em casos como esses, quando se pergunta qual a natureza de tais habilidades (*sādhana*), se se descarta a ideia de um poder invisível e inconcebível (*adṛṣṭaśakti acintyā*), não resta outra que se possa mencionar.

---

200 Moeda que teve diferentes valores em diferentes momentos lugares na história do subcontinente indiano. Não é possível precisar a qual delas se refere o comentário.

201 Trata-se das sete notas da escala indiana. A ordem é *ṣadja*, *ṛṣabha*, *gāndhāra*, *madhyama*, *pañcama*, *dhaivata* e *niṣāda*.

202 *Rakṣas* e *piśāca* são duas classes de seres sobrenaturais, em geral malignos; *pitṛ* são os pais ancestrais, geradores da raça humana. Cf. Monier-Williams e Pujol, s.v.

37. NAS MENTES (*CETAS*) DESAFOGADAS,
LUMINESCENTES,
O CONHECIMENTO (*JÑĀNA*) DO PASSADO E DO FUTURO
NÃO DIFERE DA PERCEPÇÃO.

No caso da tese (*pakṣa*) de não preexistência do efeito,[203] como se pode compreender alguma coisa que é sem suporte, não é material nem tem individualidade, a apreensão de cujos efeitos tem causas invisíveis e indeterminadas? Mesmo no caso da tese oposta,[204] em virtude do desaparecimento dos traços distintivos do indivíduo, essa coisa, que já não se sabe ao certo o que seja, torna-se, para a comunicação, semelhante aos objetos que não podem ser caracterizados de maneira específica. Ainda assim, há eruditos – os quais têm purgadas suas faltas pela ascese (*tapasā nirdagdhadoṣa*), sua visão desvelada (*nirāvaraṇakhyāti*) – que a tudo veem sem erro, sua forma global (*ākāraparigraha*) refletida na visão deles como a de um objeto dos sentidos refletida num espelho.

38. OS QUE VEEM COM OLHOS DE VIDENTE (*ĀRṢA CAKṢUS*)
OBJETOS (*BHĀVA*) ALÉM DOS SENTIDOS,
ININTELIGÍVEIS, SEU DISCURSO
NÃO É REFUTADO PELA INFERÊNCIA.

Um controlador interno; agrupamentos de átomos;[205] algo em que a criação primeira se baseia;[206] um *brahman* palavra

203 Na causa, i.e., *asatkāryavāda* da escola Vaiśeṣika.
204 I.e., da preexistência do efeito na causa, o *satkāryavāda* da escola Sāṃkhya.
205 Referência à escola Vaiśeṣika.
206 Possível referência ao pensamento jainista.

em sua forma não manifesta; algo que é o suporte de todos os poderes; deidades; deficiências, poderes, consequências e aprimoramentos das ações; um corpo sutil e transcendente e todos os mais objetos (*artha*) – quer os não perceptíveis pelos sentidos, tais como a cor etc.,[207] quer os não comunicáveis de indivíduo a indivíduo, tais como a tristeza etc. – que se tornaram familiares pelos discursos das escolas (*tīrthapravāda*), os eruditos os podem apreender livres de dúvida, com um olhar que é mesmo fora do comum (*vyāvahārikād anyenaiva cakṣuṣā*), razão pela qual seu discurso (*vacana*), que está além da esfera da inferência, não pode ser refutado por deduções que estão sujeitas a erro. Como os cegos de nascença, por exemplo, poderão aplicar a inferência ao processo de identificação de cores etc., que nunca antes experimentaram?

39. Aquele que não duvida do conhecimento (*jñāna*) de outrem
tal como da própria visão (*darśana*),
quem poderá dissuadi-lo,
ao se pôr do lado da percepção (*pratyakṣa*)?

Há em cada escola, para cada um, gente de autoridade, cujo discurso é sem erro, tão inquestionável quanto a visão de cada um, e cujos feitos, tais como fazer pedras flutuar, mesmo que ninguém os tenha visto, ainda assim são passíveis de dar fé. Do que aqui realizaram, deixar o corpo físico e obter frutos desejados e indesejados são feitos que seu próprio discurso

207 A formulação não nos é clara.

têm popularizado; ademais, são feitos normalmente aceitos pelos homens comuns, mesmo que nenhum tratado os ensine.

[...][208]

40. "'Isto é puro, aquilo é impuro',
no que concerne a esses dois vocábulos,
para os homens, até os *caṇḍāla*,
diminuto é o propósito das disciplinas."[209] [...]

Por isso, não só a percepção [direta], mas também a visão dos videntes, se se opuser à inferência, invalida-a.

41. O Legado, que corre ininterrupto
como a consciência,
quem o venera
não é demovido por discursos de causas (*hetuvāda*).[210]

A consciência (*caitanya*) sem começo, inata, consequente com a forma de cognições tais como "eu sou" etc., assim como não se interrompe na comunicação, mesmo a dos entes libertos (*muktātman*), já que é uma convenção do século – a despeito de haver gente de autoridade que ensina o "não sou", "não é meu" –, da mesma maneira, aceito sob a forma da Tradição

208 Em se tratando de citação do texto das *kārikā*, a *Vṛtti* deveria introduzir o verso 40, daí a indicação de lacuna.

209 Fonte desconhecida.

210 A expressão parece se referir a abordagens eminentemente intelectuais ou racionais.

e da Revelação por todos os eruditos no que prescreve ou proíbe de fazer, comer e com quem se deitar etc., não comumente transgredido mesmo entre diferentes expoentes, esse Legado tal e qual (*itthaṃbhūta*),[211] sem começo, adorado pelos antigos, quem quer que o venere corretamente não se extravia da via reta em virtude de discursos racionais (*tārkikapravāda*). Quem aceita esse [ponto de vista] não fica sujeito à censura no século.

42. COMO UM CEGO CORRENDO POR UMA TRILHA INÓSPITA
GUIANDO-SE PELO TOQUE DAS MÃOS,
GUIANDO-SE PRIMORDIALMENTE PELA INFERÊNCIA,
NÃO É DIFÍCIL "LEVAR UM TOMBO (*VINIPĀTA*)".[212]

Aquele que, depois de observar uma porção dos grãos cozidos na panela, deduz acerca dos restantes, é como um cego que vai apressadamente e sem um guia por uma trilha inóspita nas montanhas: tateando, ele cobre parte do caminho; deduzindo o restante do mesmo modo, acaba sofrendo. Da mesma maneira é aquele que segue a razão, sem o olhar herdado, dando fé numa parte das coisas por meio da inferência (*anumāna*) apenas: quando então se ocupa de atos de frutos invisíveis, descartando o Legado, invariavelmente se depara com grande obstáculo (*pratyavāya*).

211 I.e., tal e qual a consciência.

212 A expressão é metafórica por "cometer um falta" ou "deparar com um obstáculo", cf. o comentário.

43. Por isso, apoiando-se em ensinamento sem autor
(*akṛtaka śāstra*)
e numa Tradição baseada nele,
os eruditos iniciam
a instrução das palavras.[213]

Essa é a razão pela qual os eruditos avançaram essa instrução da palavra, dando autoridade a uma tradição (*āmnāya*) impessoal (*apauruṣeya*) e inquestionável (*anabhiśaṅkanīya*), dedicada ao ensinamento acerca do bem-estar do homem (*puruṣahitopadeśa*); aceitando, ademais, as práticas de cada escola, que foram transmitidas sem interrupção, as quais vemos adotadas por eles quando utilizam formas corretas, tais como *pṛṣodara* etc.; dando, enfim, autoridade aos tratados de Tradição (*smṛtiśāstra*) dos antigos videntes, que estabelecem alternativas para os casos de conflito, contêm regras e exceções e nos quais se vê variarem as formas do poder de significação das palavras de tempos em tempos.

Eis o que seguimos.

44. Entre as palavras de recepção,
os conhecedores das palavras conhecem duas:
uma é a causa das palavras,
a outra se usa num sentido.

"Palavra de recepção" (*upādānaśabda*) é aquela por meio da qual o significado é apreendido, sobreposto na própria forma

213 *Śabdānām anuśāsanam*, lição de Aklujkar; Rau: *sādhutvaviṣayā smṛtiḥ*, "uma tradição cujo domínio é a correção (gramatical)", repete 29d.

da palavra e como que identificado com ela. Lê-se no *Saṃgraha* o seguinte:

> *Na tese de que não há derivação [gramatical]* (avyutpattipakṣa), *a palavra que significa de maneira direta é a causa em sua própria forma. Já na tese de que há derivação* (vyutpattipakṣa), *recorre-se à causa inerente ao sentido para promover o processo de derivação das palavras. Há quem entenda que a causa é cossignificante,*[214] *já que, por meio de uma predicação, se pode estabelecer determinada relação.*

Ou, por outra, a "palavra de recepção" é um todo que se deve apreender, como é o caso em expressões autônimas (*svarūpapadārthaka*),[215] em que não se compreendem as divisões, porque não é preciso apreender as partes.

"Uma é a causa das palavras." A causa das palavras (*nimittaṃ śabdānām*) é aquela palavra em que os sons se baseiam, a que recorrem, que é seu suporte, enfim, para veicular o sentido. Em virtude do emprego dos órgãos [articulatórios], ela adquire uma forma específica e então segue para o órgão auditivo [do ouvinte], onde se torna um iluminador, que é então empregado para expressar sentidos, mas sempre subserviente ao sentido específico a veicular.

"A outra..." A causa é uma forma em estado contraído; já a forma que, de fato, veicula o sentido, se produz serialmente.

Uns afirmam que a forma que veicula o sentido é aquela que integra o estado cognitivo apenas quando sua forma serial desaparece.

---

214 I.e., dá o sentido funcional ou gramatical apenas.

215 Lit., "cujo sentido é a própria forma".

Outro disse que a causa é que é serial, em virtude de se ter tornado um expediente para alguma coisa não serial. Ora, no si da voz (*vāgātman*),[216] não serial, os poderes do sentido e do som coexistem. De fato se diz:

45. "INDIVISA, A PALAVRA QUE EXPRESSA
O SENTIDO ORIGINA-SE DE [PALAVRAS]
DIVIDIDAS; NELA O SI DA FORMA
E DO SENTIDO SE CONFUNDEM."[217]

46. "ENTRE ELAS HÁ UMA DIFERENÇA DE SER (*ĀTMABHEDA*)",
DIZEM UNS, PORTA-VOZES DOS ANTIGOS;
OUTROS AFIRMAM QUE A DIFERENÇA NO INDIVISO RESULTA DE UMA
DIFERENÇA DE INTELECÇÃO (*BUDDHIBHEDA*).

O composto *ātma-bheda* vai para o segundo caso,[218] se for objeto dum verbo declarativo. Se estiver reproduzindo um discurso direto, vai para o primeiro.[219]

216 Provavelmente o mesmo que *śabdattattva*, a essência da palavra.

217 Fonte desconhecida.

218 Acusativo.

219 Nominativo. Esta é a única passagem da *Vṛtti* que comenta uma questão de língua. O problema se encontra na primeira metade do *śloka*: *ātmabhedas tayoḥ kecid astīty āhuḥ purāṇagāḥ*. A posição de *kecit*, "alguns", faz que uns considerem que *ātma-bhedas[ḥ]*, "diferença de ser", não se constrói com *asti*, "há, existe", mas com *āhuḥ*, lit., "disseram". A sintaxe prosaica dessa oração seria algo como *ātmabhedaṃ tayor, "asti"' ity, āhuh kecit purāṇagāḥ* ("Alguns porta-vozes dos antigos afirmam uma diferença ontológica entre elas, dizendo (*iti*) 'ela existe'"). Nesse caso, como diz a *Vṛtti*, em que o composto *ātma-bheda* se lê como

Há diferença entre elas na tese da alteridade (*anyatvapakṣa*).[220] Na tese oposta (*pakṣāntara*), postula-se a multiplicidade de uma entidade una, decorrente de uma apreensão produzida pela apropriação de uma diferença formal que se manifesta como divisão entre os dois poderes dela.

Ou mesmo a diferença de ponto de vista (*darśanabheda*) entre os antigos mestres talvez se baseie na diferença ou identidade entre o universal da palavra e o seu particular.

A seguir[221] estender-nos-emos sobre esse mesmo tópico.

---

objeto de um verbo declarativo (*bruvi-karmatve*), empregar-se-ia o acusativo (*dvitīyā [vibhakti]*) *ātma-bhedam[ṃ]*. O outro caso é justamente o que ocorre na *kārikā*, em que *ātma-bheda* é parte da oração direta encerrada por *iti*: *ātmabhedas tayor asti ity āhuḥ kecit purānagāḥ*, "Alguns porta-vozes dos antigos dizem que (*iti*) há uma diferença ontológica entre elas"; aí, como diz a *Vṛtti*, reproduz-se discurso direto (*vākya-sva-rūpānukaraṇeṣu*, lit., "nos casos de reprodução da forma do enunciado/do discurso", portanto, *ātma-bheda*, dentro da oração direta, como sujeito de *asti*, fica no nominativo (*prathamā [vibhakti]*): *ātmabhedas[ḥ]*. Em virtude da natureza excepcional desse comentário, uns consideram-no nota marginal, de autoria de algum copista, e.g.; outros creem que ele justifica a tese da não identidade entre o autor das *kārikā* e o da *Vṛtti*. Isso porque, de fato, os manuscritos apresentam essa variação de caso em *ātma-bheda*, e supõem alguns estudiosos que o autor da *Vṛtti* está justamente a dar notícia dela; os que não aceitam essa tese afirmam, por seu turno, que o autor apenas esclarece uma construção incomum – i.e., a presença de um termo da oração principal no meio da construção direta com *iti*, no caso, *kecit* –, para não dar vazão a suspeitas de incorreção gramatical, e que a variação nos manuscritos pode muito bem ter se originado justamente do comentário; cf. a suma da discussão em Cardona, 1999.

220 Entre causa e efeito.

221 47-50.

47. ASSIM COMO A LUZ QUE HÁ NOS GRAVETOS
É CAUSA DOUTRO LUME,
DA MESMA MANEIRA, A PALAVRA DA INTELECÇÃO
É SEPARADAMENTE A CAUSA DAS [PALAVRAS] DE AUDIÇÃO
[*ŚRUTI*].[222]

Seja na tese da unidade ou na da diversidade (*ekatvapakṣa, nānātvapakṣa*), a luz que se encontra em estado seminal, não manifesta, depois de acesa na forma de uma entidade luminosa, é tida, primeiro, como causa ininteligível, e logo, em processo, da percepção de outro objeto e de si mesma; da mesma maneira, no intelecto (*buddhitattva*), que é perpassado pelas sementes das impressões de diferentes palavras, uma dessas formas – que, ao alcançar proeminência quando da maturação daquela que é a sua semente, se expande com auxílio dos órgãos e pontos de articulação –, seccionando-se na ordem dos sons que a expandem, agora captável serialmente, torna-se iluminadora de outro objeto e de si mesma.

48. IDEADA PRIMEIRO PELO INTELECTO,
APLICADA A UM SENTIDO,
A [PALAVRA] É ENTÃO AUXILIADA PELO SOM,
QUE SE EXPANDE A PARTIR DOS ÓRGÃOS [DE ARTICULAÇÃO].

Dado que aqui se entende que entre a palavra e o sentido há uma relação de identidade, então a forma da palavra que

222 I.e., as articuladas.

se deseja sobrepor ao sentido ou de que a forma do sentido se apodera pelo uso, com a qual o primeiro contato é por meio de uma determinação do intelecto, quando tomada num sentido específico, detém-se aí de acordo com a intenção (*abhiprāya*) [do falante], aceitando outra forma apenas como se uma distorção (*viparyāsa*) tivesse ocorrido em sua própria.

"Pelo som, que se expande a partir dos órgãos [de articulação] (*karaṇa*)." A essência da palavra, que é de natureza imutável, molda-se em som, que é de natureza mutável: quando o som sutil e permeante, compactando-se nas funções dos órgãos [articulatórios], se expande numa entidade perceptível, material como uma formação de nuvens, a essência da palavra, que não se expande ela mesma, é percebida como se se expandisse, porque replica o processo de expansão dos sons.

49. NÃO É PORQUE O SOM SE PRODUZ SERIALMENTE
QUE ELA É ANTERIOR OU POSTERIOR;
NÃO SERIAL, ELA SE EXPANDE SERIALMENTE,
COMO SE TIVESSE PARTES.

O som (*nāda*), que se compacta numa operação serial, indica o *sphoṭa* por meio de uma operação de permissão e obstrução. O *sphoṭa*, ainda que naquele instante seja uno, manifesta-se como se tivesse partes. No seu caso, seriação e simultaneidade não são incompatíveis com eternidade e unidade. Por isso, sem superar a unidade, ele assume a forma serial do som que com ele se combina. Ele, assim como é, possui as propriedades do que com ele se combina. É assim que um todo completamente indiviso, de partes indivisas, quando seu suporte assenta em lugares diferentes, é percebido como diversidade.

50. ASSIM COMO UM REFLEXO NOUTRO LUGAR,
POR CAUSA DO MOVIMENTO NA ÁGUA,
PARECE SE MOVER COMO ELA,
TAL É A RELAÇÃO (*DHARMA*) ENTRE *SPHOṬA* E O SOM (*NĀDA*).

Seja na tese da unidade ou na da alteridade (*tattvapakṣa, anyatvapakṣa*), não é porque o reflexo da lua ou de outro objeto é percebido combinado com o suporte que ele é o próprio suporte. O reflexo, ainda que imóvel, segue o movimento particular da água ou outro objeto, como se assumisse a propriedade de ação dele – a das marolas, no caso da água. Da mesma maneira, o *sphoṭa* dos sons primário e secundário (*prākṛta-, vaikṛta-dhvani*) – que se dividem, respectivamente, nos tempos breve, longo e prolato e nos modos rápido, médio e lento –, conforma-se a modos variegados (*vicitrā vṛtti*).

51. ASSIM COMO, NUMA COGNIÇÃO, SE PERCEBEM
SUA FORMA PRÓPRIA E AQUELA QUE É PARA CONHECER,
DA MESMA MANEIRA, NA PALAVRA, ILUMINAM-SE
SUA FORMA PRÓPRIA E A DO SENTIDO.

Dependente do objeto por manifestar a forma dele, a cognição (*jñāna*), ainda que sua forma própria (*svarūpa*) seja indescritível, mostra um aspecto da forma (*rūpamātra*) de sua unidade (*ātman*) como se ele fosse diferente de outra cognição – é assim que, mesmo não completamente percebida, ela então se torna objeto da memória por meio de outra cognição; da mesma maneira, essa palavra que se torna subserviente ao sentido (*artha*), que é dependente do significado (*adhidheya*), que auxilia a forma dele, manifesta um aspecto de sua forma própria como subserviente [ao sentido].

Não se recorre, no século, a esse aspecto, ainda que sua manifestação seja presente, pois ele não é compatível com as relações com ações de comer etc. Já na Gramática, uma vez que o objeto é incompatível com as operações [gramaticais] (*kārya*), e porque esse aspecto é estabelecido como sentido, a conexão dele com as operações não é incompatível.

52. ESSA FORÇA (*KRATU*) CHAMADA "PALAVRA",
COMO QUE EM ESTADO DE OVO,
O MODO (*VṚTTI*) DELA TEM FORMA DE AÇÃO,
ASSUMINDO SERIAÇÃO EM CADA PARTE.

Por meio da supressão da posição de destaque de todas as partes, a palavra exterior da comunicação (*vyavahāra*) se dissolve no órgão interno, como o fluido do ovo do pavão e de outras aves, sem transgredir o aspecto de imagem mental (*bhāvanā*) das divisões anteriores. A dissolução (*pratilaya*) de uma única palavra é como a dissolução de todos os dez livros do Veda: essa palavra assim dissolvida, cujas partes desapareceram, retoma ao poder serial pelo alçamento das partes, uma a uma, no modo [de existência] da palavra interior (*antaḥśabdavṛtti*), que eclode pelo desejo de comunicar, depois de alçar ao primeiro plano a propriedade de manifestar-se (*pratyavabhāsa*) em palavras e enunciados.

53. ASSIM COMO A FIGURA DE OUTRA FIGURA
— DOMÍNIO DE UMA ÚNICA INTELECÇÃO —
É FORMADA NUM PANO, DA MESMA MANEIRA
OBSERVA-SE TAMBÉM NA PALAVRA UMA TRÍADE.

Quando se deseja pintar a figura (*mūrti*) de um homem etc. composta de partes, ela – já então base de uma única intelecção (*buddhi*), ainda que numa percepção serial (*kramopalabdhi*) – é formada serialmente num pano ou mural. Da mesma maneira, a palavra da comunicação, capturada serialmente, primeiro torna-se a base de uma única intelecção cuja seriação foi suprimida, depois sobrepõe a forma da intelecção sem partes, não serial, nesse seu aspecto de automanifestação (*ātmapratyavabhāsamātra*), como se ele fosse algo separado dela, e enfim retorna à comunicação, assumindo a propriedade serial dos sons que residem nos órgãos [de fala], como se se tivessem tornado idênticos. E assim, a [palavra], recorrendo continuamente nesses três estados (*avasthā*), não transgride [sua] condição de apreensor e apreendido (*grāhyagrāhakabhāva*).

54. ASSIM COMO, PRIMEIRO, A INTELECÇÃO (*BUDDHI*) DO FALANTE
SE ATIVA APENAS NAS PALAVRAS,
DA MESMA MANEIRA, A RESOLUÇÃO (*VYAVASĀYA*) DOS OUVINTES
SE ORIGINA APENAS NELAS.

O falante, empreendendo um esforço que tem por objeto uma palavra específica, aplica a mente em torno de cada palavra, como que tocando palavras individuais; o ouvinte, da mesma maneira, meditando (*manyamāna*) sobre a apreensão do sentido, dependente do recorte da forma da palavra, determina (*nirdhārayati*) tal e tal palavra que é, por sua vez, auxiliada por todos os qualificadores associados (*saṃbandhi viśeṣaṇa*).

Em virtude da repetição das impressões (*bhāvanā*) das veiculações dos sentidos, esse estágio de recorte da forma da palavra (*śabdarūpaparicchedāvasthā*) não pode ser ideado (*na citrīkriyate*).

Por isso, tendo experimentado o limite de ser proeminente, todas as palavras, que possuem as matrizes de todos os sentidos, tornam-se subordinadas aos sentidos.

55. Subordinadas aos sentidos,
cumprido seu objetivo para com o que deviam significar,
porque, então, servem para outra coisa,
o homem comum (*loka*) não as entende.

Quando o qualificado (*saguṇa*) é apreendido juntamente com a qualidade (*guṇa*), como em "ele é branco", apreende-se ademais que a qualidade é por vezes um indicador (*upalakṣaṇa*) que é objeto de uma ação particular, porque foi prescrita noutro lugar; da mesma maneira, quando há uma relação do tipo "'vaca' é essa coisa arredondada", aquela palavra que, tornando-se subordinada ao desejo de comunicar uma conjunção com a ação (*kriyāyogavivakṣā*), cumpriu sua função de indicar o sentido, as pessoas comuns (*laukika*) não a tomam como um meio de realização da ação, como se ela fosse a coisa nomeada.

56. Assim como a luz tem dois poderes,
de apreender e ser apreendida,
da mesma maneira todas as palavras.
Eles estão estabelecidos separadamente.

Um pote e outros objetos estão estabelecidos apenas como apreensíveis (*grāhya*): no momento da apreensão (*grahaṇa*), um objeto X não tem função alguma, seja como causa auxiliar dos sentidos físicos (*indriya*), seja do objeto [dos sentidos] (*viṣaya*). Assim, todos os sentidos físicos que, em si mesmos, não chegam a ser apreendidos servem de causa [material] (*nimitta*) na apreensão dos objetos. A luz (*tejas*), por sua vez, que possui uma forma incompatível com a forma da escuridão (*tamas*), torna-se causa [auxiliar] (*kāraṇa*) na percepção (*upalabdhi*), à medida que sua forma própria vai sendo apreendida. Da mesma maneira, a palavra vai sendo apreendida por meio de sua forma própria, diferente de outros objetos e de outras palavras, e, quando sua forma específica (*viśiṣṭarūpa*) é compreendida, lança luz sobre o sentido a veicular (*pratyāyya artha*).

Esses dois poderes, o de apreender e o de ser apreendida (*pratipādyapratipākadaśaktī*), que estão sempre presentes [na palavra], manifestam-se como se fossem coisas diferentes.

Uma vez que assim é,

57. O SENTIDO NÃO É ILUMINADO POR PALAVRAS
QUE NÃO SE TORNARAM OBJETO;
APENAS PELA EXISTÊNCIA, SEM QUE SEJAM APREENDIDAS,
ELAS NÃO SÃO ILUMINADORAS DOS SENTIDOS.

Se as palavras se tornassem subservientes aos sentidos sem que antes se tivessem tornado proeminentes como objetos apreensíveis, elas, percebidas ou não apenas por meio de sua relação com a existência (*sattā*), independentemente de serem objetos [dos sentidos físicos] (*viṣaya*), veiculariam seus sentidos. Mas não veiculam. Por isso, quando se tornam subservientes aos sentidos, as palavras têm incorporado um traço de proeminência.

58. PERGUNTA-SE "QUE DISSE?",
PORQUE A FORMA NÃO FOI BEM COMPREENDIDA;
JÁ QUANDO O SENTIDO É ILUMINADO, NÃO SE APREENDE
DA MESMA MANEIRA A FORMA PRÓPRIA DOS SENTIDOS
[FÍSICOS].

Quando se utilizam palavras, mas não se apreende sua forma, as pessoas, por considerar que a veiculação do sentido é dependente da percepção adequada da forma da palavra, perguntam, a fim de compreender aquela forma específica: "Que você disse?". Já os sentidos físicos (*indriya*), que não têm esse traço de proeminência nem características determinadas, tornam-se subservientes à percepção do objeto [dos sentidos] (*viṣayopalabdhi*).

59. ANALISADAS COMO DIFERENTES, ESSAS DUAS
PROPRIEDADES DO SENTIDO, QUANDO ABSTRAÍDAS,
TORNAM-SE CAUSA DE OPERAÇÕES
DE DIFERENÇA SEM CONFLITO.

Às unidades de sentido sujeitas à designação especial (*vyapadeśivadbhāva*), diferenciadas por uma formulação do intelecto (*buddhiparikalpana*) decorrente de diferentes causas, aplicam-se, tanto no século como na Gramática, todas as operações [gramaticais] (*kārya*) aplicáveis à diferença principal; da mesma maneira, mesmo no caso das palavras abstraídas do enunciado via intelecção (*buddhi*) sob a forma dos poderes de apreender e ser apreendido, prescrevem-se-lhes, na Gramática, operações de diferença (*bhedakārya*), tais como a conexão de nomeado e nome técnico (*saṃjñāsaṃjñinsaṃbandha*), como se aplicáveis ao sentido principal.

60. Assim como as palavras *vṛddhi* etc.,
com base em sua forma própria,
conectam-se com as palavras veiculadas
por *ād-aic*, que são nomeadas,

No caso de nomeados (*saṃjñin*) que devem ser apreendidos por meio de nomes técnicos (*saṃjñā*) de forma diferente, como os que se encontram em [regras] tais como "*ik* é substituído por *yan* quando seguido por *ac*",[223] não é a palavra enunciada, *ik*, o substituído, nem a palavra *yan*, o substituto; o que se explica na Gramática é a natureza de substituído e substituto dos nomeados veiculados por elas, que têm [de fato] outra forma. Mesmo quando o nomeado tem a mesma forma do nome técnico, deve-se compreender da mesma maneira o estatuto da relação entre eles.

Palavras como *vṛddhi*, que repousam em sua forma própria e significam por si mesmas,[224] buscando, por meio de sua forma, apreender a forma de outras palavras, entram em relação com os sons "a" etc., que são veiculados pelas palavras *āt* e *aic*, diferentes em acento e nasalização; do mesmo modo, mesmo não sendo bem determinada a diferença entre nome técnico e nomeado,

223 A 3.1.77. *ik* é o *pratyāhāra*, ou índice, das vogais i, u, r, que, diante de *ac* (a, a), são substituídas por *yan* (as semivogais y, v e r): *i a > ya, u v > va, r a > ra.*

224 No caso, o sentido comum, diferente do sentido técnico que termos como *vṛddhi* adquirem na análise gramatical.

61. TAMBÉM A PALAVRA *AGNI*,
BASEADA NA PALAVRA *AGNI*,
ENTRA EM RELAÇÃO COM A [PALAVRA] ARTICULADA *AGNI*,
VEICULADA PELA PALAVRA *AGNI*.

Na regra "A forma própria da palavra...",[225] nome técnico e nomeado são tratados em separado. Essas duas palavras, quando ouvidas, são veiculadores de sentido. O que elas veiculam, [ou seja] essas duas coisas que são membros da relação [de nome técnico e nomeado], é o que passa pelas operações [gramaticais]. Por isso, a forma *agni* significa por meio da forma *agni*, que é idêntica à primeira, da qual se tornou sentido: a forma primeira transforma a forma da regra em nome técnico da palavra *agni*, que é idêntica à palavra [da comunicação] e a faz de nomeado.

62. A PALAVRA QUE É ENUNCIADA
NEM SEMPRE SOFRE UMA OPERAÇÃO [GRAMATICAL];
O PODER DELA DE VEICULAR OUTRA COISA
NÃO FICA OBSTRUÍDO.

No verso seguinte, [o autor] apresentará a razão da proposição supramencionada.

A palavra que veicula sentido, quando enunciada para veicular outro sentido, associa o sentido que enuncia a operações [gramaticais], [ou seja], aplica-lhe operações [gramaticais]. Quando se enuncia a forma a veicular, que reside no órgão interior, a fim de indicar o que foi dito, retém-se sua faculdade

225 A 1.1.68.

de veicular o sentido de outra palavra que tem a mesma forma e é apreensível por meio de outra. Toda palavra que se enuncia tem essa propriedade inata (*ātmadharma*).

63. POR SER DEPENDENTE, O ATRIBUTO (*GUṆA*), QUANDO
ENUNCIADO,
NÃO É ASSOCIADO A OPERAÇÕES [GRAMATICAIS];
POR ISSO, POSTULA-SE A CONEXÃO DAS OPERAÇÕES
COM OS SENTIDOS DAS PALAVRAS.

Quando se diz "traz a vaca", "come a coalhada", assim como a palavra [articulada] (*śruti*),[226] estando subordinado ao sentido, não se torna instrumento (*sādhana*) nas ações [enunciadas], o mesmo se passa com [a palavra articulada] que se subordina a outra palavra (*śabdāntaratantrā* [*śruti*]),[227] pois uma e outra não diferem pelo fato de cada uma ter um sentido (*artha*). Por isso, todos reconhecem que é o objeto a veicular, quer seja apreensível pela visão ou pela audição, aquilo que tem a faculdade de ser instrumento da ação.

64. QUALQUER SEMELHANÇA APOIADA
NUM COMPARANDO E NUM COMPARADO ,
OUTRA PROPRIEDADE DELA SE DIFERENCIA
QUANDO EM RELAÇÃO COM COMPARANDOS.

São bem conhecidos esses três [elementos]: o comparando, o comparado e a propriedade (*upamāna*, *upameya*, *dharma*) que

226 I.e., o aspecto sonoro, auditivo.
227 I.e., em menção não em uso.

compartilham. Quando se diz: "o *kṣatriya* estuda como um brâmane",[228] a semelhança mencionada no comparado é percebida também no comparando. Mas, quando se diz: "o estudo do *kṣatriya* é como o estudo do brâmane", mencionam-se os dois estudantes relacionados ao comparando e ao comparado, e então percebe-se o traço comum de propriedades, como a excelência (*sauṣṭhava*) em ambos os estudos, diferenciadas, por sua vez, pelos suportes específicos (*āśrayaviśeṣa*) diferentes. Mesmo para a excelência ou outra propriedade que tenha sido relacionada aos estudantes poder-se-á encontrar propriedades, como a perfeição, de modo que não há fim para a diferenciação (*nāsti vyatirekasyāvacchedaḥ*).

65. O ATRIBUTO (*GUṆA*), CAUSA DA EXCELÊNCIA,
AINDA QUE SEJA REFERIDO DE MANEIRA INDEPENDENTE,
SEU TRAÇO DE EXCELÊNCIA SÓ É PERCEBIDO
POR CAUSA DO ATRIBUTO APOIADO [?] (*ĀŚRITA GUṆA*).

Substância (*dravya*) é tudo a que se refere em primeiro lugar quando se diz: "A é B". Uma vez que não há excelência ou decadência da substância em si mesma, o objeto (*artha*) que deve adquiri-la adquire-a em virtude de fatores situacionais (*saṃsargin nimitta*) que servem para produzir a respectiva diferença (*bheda*), fatores esses que pertencem ao objeto, mas dependem de outra coisa, e têm a função de produzir a excelência. Quando se diz algo como "esse branco é excelente", o suporte vem a ser referido como excelente, sem sê-lo ele mesmo, em virtude da cor branca que possui, que é fator operante na produção

228 Representantes, respectivamente, das classes governante e sacerdotal.

da excelência, ainda que se refira a outra coisa. Já quando se diz: "a cor daquilo é ainda mais branca", sendo a cor referida como substância, a menção de excelência decorre de um fator operante que reside na própria cor.

Uma vez que a brancura, que é uma só qualidade e é inerente (*samavāyin*) a toda substância branca, não serve, em virtude de sua unidade, para produzir diferença, postula-se para ela, que é una, uma diferença intermediária (*avāntara bheda*), que tem como suporte propriedades associadas. Ou, por não haver terminologia específica (*saṃvijñānapada*), as especificações que pertencem às cores – mas que não podem ser indicadas por sufixos abstratos e são apreendidas nas mesmas sequências de sons – são, assim como a brancura, reconhecidas como as causas de que algo seja mencionado como excelente.

Enquanto se fizer a designação de excelência duma coisa que se pode designar por "isso" ou "aquilo", que se tomou como elemento principal, a propriedade de postular outros fatores se reproduzirá *ad infinitum* (*avicchinna*).

Sendo assim,

66. A PALAVRA ESTABELECIDA
COMO SIGNIFICADO (*ABHIDHEYA*) DELE [ATRIBUTO?],
QUANDO ENUNCIADA,
OUTRA FORMA SE DISTINGUE DELA.

Já argumentado e exemplificado acima esse estado [indeterminado] de diferença [entre a palavra e o que ela veicula], retoma-se aqui a forma própria da palavra de acordo com o que se empreendeu.[229]

229 Cf. 61.

Toda vez que se enuncia alguma coisa para indicar o que se tornou significado da [palavra], uma vez que tudo o que se enuncia tem tal propriedade (*dharma*),[230] deseja-se compreender a forma outra que é o suporte (*nibandhana*) dela.

Mas há quem diga que o significante (*abhidhāna*) é recorrente; que o que é significado nunca deixa de sê-lo. Eis o que se disse no *Saṃgraha*:

> *Ora, não é a forma própria das palavras*[231] *– assim como a matéria [dos objetos], tais como vacas etc. – o que se deposita no órgão [interno]* (karaṇa); *essa forma é sempre e apenas um significado. No momento em que o significante é depositado [no órgão interno], o que não está ali é identificado como aquilo que está sendo enunciado, em virtude de terem a mesma forma* (tulyarūpa).

67. Antes da conexão com o nomeado,
o nome técnico tem sentido de forma,
e serve de base à sexta desinência ("genitivo")
e à primeira ("nominativo").

[O autor] mostra que, mesmo quando o significado muda, o significante retém sua forma própria. Ele denota outro significado baseado em sua forma própria, quando o significado dela se torna subsidiário.[232] [Se assim não fosse], enquanto não se relacionasse com o nomeado, o nome técnico, na ausência de outro referente (*arthāntara*) – pois até então não denota o nomeado –, não receberia desinências [flexionais], em virtude

230 I.e., de referir-se a outra coisa.

231 I.e., seu aspecto sonoro.

232 I.e., instrumental.

de não poder ser chamado de *prātipadika*.[233] Ademais, já que as palavras que expressam [diretamente o sentido] (*vācaka*) não significam algo diferente, a diferença de sentido do *prātipadika* não poderia ocorrer no outro termo da relação [genitiva].

68. AÍ, UMA VEZ QUE A PALAVRA *SAṂJÑĀ*, "NOME TÉCNICO",
TEM SENTIDO PRÓPRIO, PRESCREVE-SE A PRIMEIRA [DESINÊNCIA];
E A DIFERENÇA EM "DELE"[234]
SE ORIGINA APENAS DO SENTIDO DELE.

Quando se deseja sobrepor (*adhyāropa*) a forma das palavras aos objetos individuais exteriores (*bāhya arthātman*), prescreve-se a primeira desinência, pois as palavras significam com base em sua própria forma, e a relação de predicação (*so'yam iti... saṃbandhaḥ*), caracterizada pela limitação da capacidade [semântica dos termos envolvidos], é regulada de acordo com o nomeado. Eis o que se passa em expressões como "os *vāhīka*[235] são vacas", "o jovem é um leão".

A diferença no sentido da base, que é causa do emprego da sexta desinência, origina-se do contato das [palavras] nomeadas com os nomes técnicos, as quais significam já por veicular sua forma própria.

Pois assim se disse:

Já que a menção, quer na predicação (so'yam iti) *ou na relação genitiva* (tasyeti), *se dá por meio de uma palavra que tem sentido/*
e não por uma que não tem, a conexão entre a palavra e o sentido é eterna.[236]

233 Base ou radical.
234 I.e., que há na relação genitiva.
235 Povo do Panjab tido como de pouca inteligência.
236 Fonte desconhecida.

69. Mas, em *svaṃ rūpaṃ*..., ensinam alguns
que o individual (*vyakti*) é o nome técnico
do universal (*jāti*); por outro lado, o universal
associado
recebe operações [gramaticais].

70. Outros querem que, na regra,
o individual seja tomado por nomeado;
em alguns passos [gramaticais] encontra-se
o individual como veiculador do universal.

Aqui alguns autores de glosas ensinam que "a forma própria da palavra é algo que apreende, cossignifica, veicula (*grāhaka, dyotaka, pratyāyaka*)".[237] Já outros dizem que "a forma própria da palavra é apreensível, cossignificada, veiculada (*grāhya, dyotya, pratyāyya*)";[238] a isso alude-se nesses dois versos.

Os mestres entendem o universal de duas maneiras.

Uns dizem que os indivíduos têm uma diferença de forma determinada, pois essa forma não é ininteligível, indescritível ou inexistente: "vaca" é, de fato, um indivíduo, não um universal; uma qualidade é o que, de fato, é azul; o que é compartilhado por várias instâncias de azul – o azul – não é azul. Por outro lado, quando é recorrente a intelecção (*buddhi*) [de objetos] na forma duma relação de identidade, ainda que eles não se tenham agrupado [mentalmente], então, no que diz respeito a objetos diferentes, a causa é o universal. Eis como se infere a existência do universal.

237 Fonte desconhecida.

238 Fonte desconhecida.

Outros,[239] por seu turno, pensam que as palavras, que assumiram sua forma própria pressupondo o universal, veiculam o indivíduo – que é de outra forma indescritível – apenas por meio da forma do universal. Uma cognição (*pratyaya*), semelhante a certo fator de causa (*nimitta*), de um objeto (*artha*) que o possui em si mesmo, origina-se sempre a partir daquele mesmo fator. Nesse caso, os fatores de causa, que têm ou não expressão separada, produzem palavras e cognições (*śabdapratyayau*) por meio da identidade parcial ou total (*ekadeśasārūpya, atyantasārūpya*) com eles.

Assim, na parte da regra que contém *svaṃ rūpaṃ...*, uns reconhecem apenas o universal. Mas, em *śabdasya...*, a palavra *śabda*, "palavra", refere-se ao indivíduo. Alguns entendem essas referências de maneira diametralmente oposta, de modo que, aí, *vyakti*, "indivíduo", é o nome técnico do universal (*jāti*), e *jāti*, o do indivíduo (*vyakti*).

O indivíduo, que está enunciado em certos passos gramaticais, veicula o universal em conexão com uma operação [gramatical], ou o universal, o indivíduo.

Não se pode enunciar um universal que não esteja associado com um indivíduo; da mesma maneira, um indivíduo não associado com o universal não entra no domínio do uso (*prayogaviṣaya*). O que se deseja comunicar difere de acordo com a intenção [do falante] (*tātparya*): parte é proeminente, parte é indissociável. De fato, essa [divisão que se faz entre o universal e o indivíduo] é apenas uma diferença de declaração:

239 I.e., os budistas.

na Gramática, quer-se que o universal se submeta a operações [gramaticais]; na Gramática, quer-se que o indivíduo se submeta a operações [gramaticais].

Relativamente a essa mesma regra, *svaṃ rūpaṃ śabdasya...*, a tradição que se encontra nas monografias gramaticais (*vaiyākaraṇādhikaraṇa*) abunda em conceitos, tais como: a palavra (*śabda*) é alguma coisa que reúne tanto forma quanto sentido e que tem os poderes de referir-se ao geral e ao particular (*sāmānya, viśeṣa*), [mas, no contexto da regra supramencionada], entende-se por palavra algo que se refere à forma apenas, parte da palavra portadora de sentido. Ou: palavra é um todo (*samudāya*) que tem forma, que se diferencia por meio dos poderes a ela associadas, é portadora de sentido e tem a faculdade de apreender apenas os sons. Ora, a palavra é a reunião desses elementos, e esses elementos – sua forma etc. – são suas partes; e o que se constitui de partes é, por vezes, mencionado apenas por meio das partes, como a árvore pelos galhos.

Outro diz que, mesmo que a forma não seja diferente, o sentido da palavra (*śabdārtha*) é diferente, pois a palavra existe numa recepção limitada de poderes, ainda que eles residam numa mesma coisa (*vastu*). Quando se diz "esse bastão", por meio do pronome, a coisa é referida apenas como forma presente, não em associação com o universal do bastão, pois o pronome não é capaz de denotar a associação com o universal. No caso da palavra "bastão", que expressa um sentido associado com um universal determinado, o poder de referir-se a alguma coisa como forma presente é anulada, ainda que o objeto esteja presente. Assim, no contexto da regra supramencionada, a palavra [articulada] (*śruti*) *agni*, "fogo", ainda que associada a um universal, é veiculada apenas como a forma *agni*, e não em associação com o universal. Já pela palavra *śabda*, "palavra",[240] entende-se apenas a associação com o seu universal, não com palavras [articuladas], tais como *agni* etc. Nesse caso, o sentido de uma palavra X torna-se o nomeado do sentido de uma palavra Y, claramente diferente de X, a qual está sendo usada como nome técnico.

Isso tudo não é mais que uma amostra (*nidarśana*) [dos conceitos existentes]. Entretanto, não se ilustram aqui todas as diferentes opiniões (*matabheda*) acerca da regra em questão, a fim de evitar relatar o que não é diretamente relevante.

71. SENDO OS SONS ETERNOS OU FABRICADOS,
UNS SÃO PROPOSITORES DA IDENTIDADE (*EKATVA*);
SENDO OS SONS ETERNOS OU FABRICADOS,
OUTROS, PROPOSITORES DA MULTIPLICIDADE (*NĀNĀTVA*).

Os que sustentam [a tese da] identidade dos sons (*ekaśabdatva*) não discutem a questão dos universais e indivíduos, por isso mencionaremos esse problema depois de nos referirmos ao universal.

Ora, quando se entende que os sons são eternos, a identidade é literal (*atyantamukhya*).

No caso [da tese] de que são fabricados (*kāryatva*), [o que se passa é que], quando se reenuncia um fonema ou uma palavra que já tinham sido enunciados uma vez, a cognição (*pratyaya*), que é a mesma, ou seja, "X é Y", produz a ideia de identidade, mesmo que se veja diferença [material] (*bheda*).

240 Em *śabdasya*, na regra supramencionada.

Com base na tese da identidade (*ekatvadarśana*), diz-se o seguinte: "Isso está estabelecido em virtude da identidade do fonema /a/ [em todas as suas diferentes realizações]".[241]

Ora, é a percepção que é obscurecida pelos sons à sua volta e pelo espaço de tempo [entre uma e outra realização do mesmo fonema], não a forma própria do fonema. Perceber [o fonema] em diferentes lugares é como ver um reflexo na água, o universal ou o ser (*jalabimba, jāti, sattā*).

Mesmo se se admite, na tese da não identidade (*anekatvapakṣa*),[242] que os sons são fabricados, quando são reenunciados a fim de figurar na comunicação, deve-se necessariamente recorrer a uma noção figurada de identidade (*aupacārika ekatva*).

Já os propositores da diversidade (*nānātvavādin*) aceitam-na em virtude da diferença material entre palavras [homófonas], que têm sentidos diferentes, e fonemas [uniformes], que ocorrem em palavras diferentes, seja no contexto da tese de que os sons são eternos (*nityapakṣa*), seja no da tese de que são fabricados (*kāryapakṣa*).

72. MESMO EM VOCÁBULOS DIFERENTES,
A IDENTIDADE DOS FONEMAS (*VARṆA*) NÃO CESSA;
E MESMO EM ENUNCIADOS (*VĀKYA*) DIFERENTES,
O VOCÁBULO É PERCEBIDO UNO.

Mesmo em palavras diferentes, *arka*, *aśva*, *artha* etc., mesmo que sua percepção (*upalabdhi*) se obscureça pelos sons à sua

241 V 5, MBhāṣ 1.16.23.

242 *Nānātva*, "diversidade", e *an-ekatva*, "não identidade ou não unidade", são termos sinônimos.

volta ou pelo tempo [entre uma e outra enunciação], mesmo que desapareça sua forma quando se faz ausente a causa de sua manifestação, mesmo que apareça em formas diferentes, diferentes lugares, entre falantes diferentes e por diferentes razões, ainda assim é esse mesmo e uno fonema /a/ que é usado no século, [...?] assim como os diferentes reflexos (*pratibimba*) na água, num espelho ou na sombra (*jala, ādarśa, chāyā*).

É uno todo vocábulo de mesma forma que se possa encontrar no enunciado (*vākya*) ou em análise (*pravikeka*), quer tenha sentidos bem conhecidos, quer não, como *go*,[243] *akṣi*.[244] Mesmo que se trate de um nome ou de um verbo, palavras como *akṣi*[245] e *aśvaḥ*[246] são unas.

73. Para além do fonema,
não há outro vocábulo;
nem outro enunciado
para além dos vocábulos e fonemas.

Um vocábulo (*pada*) não pode formar-se por meio dos fonemas (*varṇa*), já que eles são seriais, perecem uma vez enunciados, são não simultâneos e, ademais, divisíveis em si mesmos, de modo que o vocábulo é apenas o fonema. E uma vez que têm partes mesmo as partes dos fonemas que avançam serialmente, até que se suspenda a comunicação, há ali uma forma

243 Pode significar vaca, boi, raio de luz, terra, palavra etc.

244 Pode significar olho, eixo, entre outros sentidos.

245 Pode ser o nom. s. de *akṣan*, "olho", ou a 2ª p.s. da voz média de *aś*, "consumir".

246 Pode ser o nom. s. de *aśva*, "cavalo", ou 2ª p.s. da voz ativa de *śvi*, "inflar".

que é a quarta parte da quarta parte do fonema, que não se pode referir, não figura na comunicação, de modo que não existem nem o vocábulo nem o fonema. Mas, na ausência de vocábulos e fonemas, como é possível a existência do enunciado (*vākya*)? Diz-se o seguinte: "[Disso] decorre a impermanência (*anityatva*)",[247] ou seja, uma vez que não se forma um todo (*samudāya*), não há uma palavra (*śabda*) que seja apreendida ou cujo sentido seja apreendido.

Outro disse:

74. Assim como não há partes (*avayava*) no fonema,
não há, no vocábulo, fonemas;
não há qualquer divisão (*pravibhāga*)
entre o vocábulo e o enunciado.

É correto afirmar que a apreensão (*pratipatti*) do vocábulo resulta de muitas apreensões, nas quais há os reflexos das apreensões dos fonemas, ainda que seja diferente o som que é suporte da manifestação dos vocábulos [daquele que o é dos fonemas], que assim é porque difere o esforço [articulatório] (*prayatna*) que se aplica ao conjunto (*samudāya*) dos fonemas [do que se aplica à sua forma isolada], isso porque a apreensão do vocábulo se dá por meio da apreensão da forma dos fonemas, em virtude da semelhança entre eles. Entretanto, [o vocábulo] é não serial, sem começo nem fim, uno apenas, permanente, indivisível, assim como é una a entidade que foi produzida pelas quartas partes (*turīya*) dos fonemas.[248] Ora, as

247 *MBhāṣ 1.18.14.

248 I.e., o fonema.

quartas partes que promovem os fonemas /a/ etc. são indescritíveis, estão além da comunicação; crê-se que elas têm diferentes formas, mas trata-se de formas postuladas. Eis porque, no discurso gramatical (*śāstravyavahāra*), se conhecem os fonemas como unidades, o que é mais fácil de entender.

O enunciado (*vākya*) que tem a forma de um ou muitos vocábulos [...] a apreensão do vocábulo é um meio para a apreensão do enunciado, pois se usam [os vocábulos] para expressar sentido. Na unidade do enunciado encontram-se as intelecções seriais (*kramavatī buddhi*) em que estão refletidas as formas dos fonemas e dos vocábulos, porém elas não fazem parte dele realmente. Portanto, do enunciado como tal, que é uma unidade da palavra (*śabdātman*) indivisível, sem partes, não há como separar fonemas ou vocábulos.

75. A PRÁTICA [DE ANÁLISE GRAMATICAL] SEGUE
APOIADA EM DIFERENTES PONTOS DE VISTA (*DARŚANA*):
O QUE, PARA UNS, É ALI O PRINCIPAL,
É, PARA OUTROS, O OPOSTO.

Os mestres, para falar da essência da palavra – suprema, não serial e interior –, seguem, em suas monografias (*adhikaraṇa*), as convenções de comunicação relativas às disciplinas tradicionais, e o fazem com base em diferentes pontos de vista que, por sua vez, aceitam diferentes legados. Por exemplo, uns dirão que são uma só as palavras [articuladas] que, sendo diferentes no sentido, não o são em som; outros, por sua vez, dirão que, mesmo se o som for o mesmo, as palavras [articuladas] são diferentes, porque o sentido é diferente.

Para uns, a diferença é, nesse caso, figurada, a identidade, essencial; para outros, a não identidade é essencial, a identidade, comunicacional.

Pois assim se diz: "A palavra que tem muitos sentidos é una, como no caso de *akṣa*, *pāda*, *māṣa*".[249] Assim, [Patañjali] diz primeiro que "a palavra *grāma*, 'vila', tem muitos sentidos",[250] mas conclui pela diferença: "... apreende-se aquela palavra que tem o sentido de um lugar, como floresta, fronteira, altar etc.".[251]

76. O *SPHOṬA*, QUE NÃO POSSUI TEMPOS DIFERENTES,
MAS SEGUE O TEMPO DOS SONS,
POR CAUSA DA DIFERENÇA NOS LIMITADORES (*UPĀDHI*) DA APREENSÃO,
CONSIDERA-SE QUE ELE POSSUI DIFERENÇA DE MODOS.

Aqui [o que se diz é que], uma vez que a essência do ser (*ātmatattva*) é eterna, não se aplica ao modo de existir do *sphoṭa* qualquer operação, por mais breve que seja, que vise à medição de tempo. Mas, como a forma do *sphoṭa* só se apreende em plena associação com o som, seu processo de apreensão (*upalabdhi*) terá o mesmo tempo de duração (*sthiti*) do som e, por isso, referem-se, em projeção triplicada, três modos de existência do *sphoṭa* – lento, médio e rápido –, que são postulados como diferentes em virtude de uma diferença de tempo pertinente ao processo de apreensão de que o *sphoṭa* [apenas] é substrato.

---

249 *MBhāṣ 1.220.2; *akṣa* pode significar "olho; eixo; roda" etc., *pāda*, "pé; base, quadrante, verso" etc., e *māṣa*, "feijão; pessoa tola" etc.
250 MBhāṣ 1.59.20.
251 *MBhāṣ 1.58.23.

Se assim é, então é o som apenas, nos modos breve, longo e prolato, a causa da diferença de tempo. Ora, de acordo com a regra "[a menção, numa regra qualquer,] de [um som vocálico numa determinada quantidade] seguido do marcador T [restringe-o, na aplicação da regra em questão, apenas] àquela quantidade",[252] assim como no caso das quantidades longa e prolata há referência ao tempo do som, o mesmo deverá acontecer quando se trate da diferença na velocidade de enunciação, pois disse [Kātyāyana]: "Quando se anexa o marcador T ao modo rápido de enunciação, há referência aos modos lento e médio em virtude da diferença de tempo".[253] Quando essa questão aparece, responde-se o seguinte:

77. QUANDO, POR CAUSA DA DIFERENÇA DE SER, HÁ ETERNIDADE,
NO CASO DA BREVE, LONGA E PROLATA,
O TEMPO DO SOM PRIMÁRIO
É CONCEBIDO COMO [O TEMPO] DA PALAVRA.

Aqui o som tem duas divisões: primário e secundário: primário (*prākṛta*) é som sem o qual a forma não manifesta do *sphoṭa* não se determina; secundário (*vaikṛta*) é som por meio do qual a forma manifesta do *sphoṭa* é percebida continuamente num tempo mais estendido. Com efeito, assim ensina o autor do *Saṃgraha*:

252 A 1.1.70.

253 V 4, MBhāṣ 1.181.8.

78. "O SOM PRIMÁRIO É CONSIDERADO
A CAUSA DA APREENSÃO (*GRAHAṆA*) DA PALAVRA,
JÁ O SOM SECUNDÁRIO VEM A SER
A CAUSA DAS DIFERENÇAS DE ESTADO."[254]

Então, em virtude de uma configuração específica (*saṃnive-śaviśeṣa*), alguns enunciados em que [as palavras] *Garga*[255] etc. ocorrem – enunciados que têm o mesmo número de constituintes – podem ser apreendidos por meio de um número diferente de repetições. Da mesma maneira, alguns sons podem ser apreendidos em extensões que diferem segundo a sua natureza: o breve será apreendido numa extensão menor de som – nesse caso, a intelecção (*buddhi*) que apreende a forma do som resulta de uma causa de revelação (*abhivyakti*) coextensiva –, mas o longo, em extensão maior, e o prolato, enfim, será captado em extensão ainda maior. Esse tempo do som primário, que é sobreposto no *sphoṭa* em virtude de não se apreender a diferença entre eles, é usado figurativamente (*upacaryate*) na Gramática para referir-se ao tempo do *sphoṭa*.

79. DEPOIS DA MANIFESTAÇÃO DA PALAVRA,
OS [SONS] SECUNDÁRIOS PRODUZEM
A DISTINÇÃO DE MODO (*VṚTTI*);
O SI DO *SPHOṬA* (*SPHOṬĀTMAN*) NÃO É PARTIDO PELOS SONS.

Ora, a luz, acesa uma só vez, torna-se imediatamente a causa da apreensão de potes etc.; se ali continua a brilhar, torna-se a

254 I.e., duração.
255 Nome próprio.

causa da apreensão contínua [daqueles objetos]. O mesmo se passa quando a palavra (*śabda*) é revelada: o som, que é recorrente até o último momento, produz, em virtude da ênfase na manifestação do objeto, a recorrência da intelecção que tem a palavra (*śabda*) como objeto. Portanto, embora venha a ser associada com o som secundário, de fato diferente dele, o si do *sphoṭa* não figura, no contexto da Gramática, na discussão acerca da diferença de tempo que incide sobre os sons breve, longo e prolato, já que, [de fato], a forma do som secundário nele não se sobrepõe.

Mas como o som se torna a causa da percepção da palavra (*śabdopalabdhi*)?

> 80. O APRIMORAMENTO APENAS DO SENTIDO FÍSICO (*INDRIYA*),
> APENAS DA PALAVRA (*ŚABDA*), OU DE AMBOS
> É FEITO PELOS SONS. EIS AS TRÊS PROPOSIÇÕES
> DOS PROPOSITORES DA MANIFESTAÇÃO (*ABHIVYAKTI*).

Nesse dístico, afirma-se apenas o processo de manifestação da palavra. Os dois seguintes ocupam-se de analogias e exemplos.

No que diz respeito a esse [processo], uns pensam que o som, à medida que vai sendo produzido, prepara a audição (*śrotra*), e ela, à medida que vai sendo preparada, torna-se um portal para a percepção da palavra.

Outros proponentes da manifestação julgam que é a palavra, preparada em virtude do contato com o som, que vai, então, tornar-se objeto (*viṣaya*) da audição.

Para outros, ainda, o som tem o papel de auxiliar tanto a palavra como a audição, e a intelecção da palavra é produzida por ambos, que são objetos dos sentidos físicos e são assistidos por uma causa auxiliar (*sahakārin nimitta*), assim como no caso da apreensão por meio duma fonte de luz (*pradīpa*). Ora, os poderes [dos objetos etc.], dependentes que são das causas auxiliares, acomodam-se à abrangência das causas (*nimittānāṃ samagratāṃ nātikramanti*).

81. O APRIMORAMENTO DO ÓRGÃO [DO SENTIDO]
[FAZ-SE] COM UM COLÍRIO OU PELA CONCENTRAÇÃO;
JÁ O APRIMORAMENTO DO OBJETO
SERVE À APREENSÃO DE SEU PRÓPRIO CHEIRO [?].

Uma solução, quer natural ou não deste mundo (*prākṛta, alaukika*), não adiciona qualquer especificidade ao objeto observado. Da mesma maneira, uma substância como um colírio prepara apenas o olho, não o objeto exterior (*bāhya viṣaya*). A solução, ainda que não seja deste mundo, auxilia apenas o olho na percepção de objetos remotos, encobertos ou sutis. Se o objeto fosse modificado, ele seria apreendido também por outros,[256] em virtude da ausência de um elemento distintivo.

Por outro lado, é a preparação do objeto, como no caso do óleo pelo calor e da terra pela água, o que se observa quando da apreensão do seu próprio cheiro, não a preparação do sentido físico, ou seja, do olfato. Se o olfato é que fosse modificado, não seriam diferentes as apreensões de objetos preparados ou não, em virtude da ausência de um elemento distintivo.

256 I.e., pelos que não se beneficiaram da dita solução.

82. Quando o olho tem papel de agente,
o aprimoramento de ambos, do domínio
e do sentido físico, considera-se que se dá pela luz;
esse é o procedimento (*krama*) do som.

Uma pessoa na escuridão percebe um objeto, um pote, por exemplo, com o auxílio da luz. Num caso como esse, para os que julgam que o olho não é agente [da percepção], o objeto é, via de regra, auxiliado por uma fonte de luz exterior. Mas se os olhos têm papel agentivo, os raios de luz auxiliam [a percepção do objeto] com uma luz que tem a mesma natureza [da luz exterior, supramencionada].

83. A apreensão do som se dá
sem separar-se da forma do *sphoṭa*, consideram uns;
por outros, o som é concebido
independente, ininteligível.

Vejamos mais três pontos de vista (*darśana*) dos propositores da manifestação (*abhivyaktivādin*):

O som, plenamente associado com o *sphoṭa*, assim como a cor vermelha que serve de fundo para cristais e outros materiais, é percebido sem separar-se dele.

Já para alguns, assim como os sentidos físicos e suas propriedades efetuam a apreensão dos objetos (*viṣayopalabdhi*) sem que suas formas sejam experienciadas, o som, da mesma maneira, sem que sua forma seja percebida, torna-se a causa da percepção da palavra.

Outros, ainda, disseram que, não se podendo delimitar a forma do *sphoṭa* à distância, o que se observa é a percepção apenas do som (*dhvani*).

E outros mais, que esse [perceber o som] é o mesmo que perceber a palavra (*śabdopalabdhi*). Ilustra-o o seguinte: no deserto, verifica-se que objetos pequenos são apreendidos como se tivessem aumentado de tamanho; no caso da lua e de outros objetos grandes, como se tivessem diminuído de tamanho. Quando se apreende [à distância] apenas a forma aproximada de uma árvore, não se percebem suas partes diminutas, buracos etc., nem se percebe sua espécie, se se trata de uma *khadira* ou de uma *dhava*.

84. Assim como um capítulo [do Veda] ou um dístico
é vencido[257] pela repetição,
embora o texto não seja examinado
em cada repetição,

Os sons que se objetivam nos fonemas, vocábulos e enunciados, e que devem realizar-se por meio de esforços específicos [de articulação], sobrepõem-se às intelecções, à medida que vão manifestando os *sphoṭa* dos fonemas, palavras e enunciados. Porém, se o que há é uma apreensão gradual das quartas partes dos fonemas, a derradeira intelecção (*antyā buddhi*) não se torna objeto (*viṣaya*), já que não forma um todo (*samudāya*) [com as intelecções anteriores] – o que é considerado de vários pontos de vista na explicação do *Bhāṣya* acerca do *Saṃhitāsūtra*.[258] Ora, enquanto a forma integral da palavra (*kṛtsna śabdarūpa*) não se ilumina, não toma forma, não ganha especificidade nem vem a

257 I.e., memorizado.
258 A 1.4.109, MBhāṣ 1.354-356.

residir no intelecto (*buddhi*), nenhuma comunicação é possível: é como se ela nem tivesse sido apreendida.

85. DA MESMA MANEIRA, QUANDO, POR MEIO DE COGNIÇÕES
INDESCRITÍVEIS MAS CONDUCENTES À APREENSÃO,
A PALAVRA É ILUMINADA PELO SOM,
SUA FORMA PRÓPRIA É DETERMINADA.

Conducentes à apreensão da forma dos indivíduos, ainda que sua própria forma não possa ser descrita, as muitas cognições (*pratyaya*) que participam do processo de apreensão, e vão surgindo à medida que a palavra vai se iluminando pelos sons, tornam-se as causas da determinação da forma da palavra.

Vejamos a sequência da apreensão da forma (*ākāraparigrahakrama*):

86. QUANDO AS SEMENTES DEPOSITADAS PELOS SONS,
COM O ÚLTIMO SOM,
AMADURECEM PELA REPETIÇÃO,
A PALAVRA É DETERMINADA NO INTELECTO.

As sementes do cultivo das impressões [cognitivas] (*saṃskārabhāvanābīja*), que conduzem sucessivamente à determinação cada vez maior da coisa manifesta (*vyakta*), são depositadas pelos sons que manifestam o si da palavra (*śabdātman*). Então, o último som específico introduz no intelecto, já então amadurecido por compatibilizar-se com os modos [de existência] das sementes, a forma específica da palavra (*śabdasvarūpākāra*), ao reuni-las todas elas.

87. E JULGAR QUE NO INTERVALO
EXISTEM PALAVRAS QUE NÃO EXISTEM
É DEFICIÊNCIA DO INTERLOCUTOR:
ELAS SÃO APENAS UM MEIO DE APREENSÃO (*GRAHAṆOPĀYA*).

Nesse caso, quando os fonemas, vocábulos e enunciados sem partes, sem anterioridade e posterioridade e indivisíveis são manifestos pelo som, produzem-se, no caso do fonema, ideias semelhantes à apreensão das partes dos fonemas, como que revestidas de partes, no caso do vocábulo, semelhantes à apreensão dos fonemas, e no caso do enunciado, semelhantes à apreensão dos vocábulos. Por meio dessas intelecções, os envolvidos no processo de apreensão vêm a crer que são reais as palavras que não o são, porque se dividiram em partes. Ora, isso é uma deficiência (*aśakti*) dos ouvintes, pois apreendem os objetos via outros objetos: eles veem a palavra apenas num processo serial. A forma não serial do Veda, porém, é apreendida e se faz apreender de outra maneira.

88. A REPLICAÇÃO DA DIFERENÇA É INSEPARÁVEL DA COGNIÇÃO
E A DISTORÇÃO (*UPAPLAVA*) O É DA VOZ (*VĀK*):
A VOZ TEM A FORMA ACRESCIDA DE SERIAÇÃO;
A COGNIÇÃO TEM COMO APOIO O QUE É PARA CONHECER.

Ainda que indiferenciada, a cognição (*jñāna*), que é uma coisa informe (*arūpa*), em virtude de capturar as formas de todos os objetos cognoscíveis, manifesta-se em diferentes formas, como em "cinco árvores", "vinte vacas"; e essa unidade verbal interior (*āntara śabdātman*), que em si tem contraídas as sementes de tudo, manifesta-se, quando da sua aparição, replicando a diferença que pertence à seriação própria dos sons que a manifestam. É por isso que, distorcido no processo de captura de diferentes formas, a essência da palavra (*śabdatattva*) una – essa coisa sem divisões chamada "voz-mente (*vāṅmānasa*)" – é experienciada numa forma outra que não a sua. De fato, disse [Vyāḍi?]:[259]

89. "NA AUSÊNCIA DO QUE É PARA CONHECER, COGNIÇÃO ALGUMA
SE ESTABELECE NA COMUNICAÇÃO;
SE NÃO TIVER SE TORNADO SERIAL,
NENHUM SENTIDO É VEICULADO POR MEIO DA VOZ."

90. ASSIM COMO A APREENSÃO DO PRIMEIRO NÚMERO
É UM MEIO PARA A COMPREENSÃO DE OUTROS NÚMEROS,
DA MESMA MANEIRA É A AUDIÇÃO DE UMA PALAVRA [PARA A COMPREENSÃO
DE OUTRAS PALAVRAS], AINDA QUE SEJAM DIFERENTES.

Na tenção de compreender quer o número cem ou o número mil que qualifica um substrato, compreendem-se, como partes da centena, do milhar, primeiro as funções próprias das unidades etc., que funcionam como instrumentos para compreendê-los; o mesmo ocorre com a compreensão da forma do enunciado, em que os sons das unidades de palavra, tais como Devadatta etc.,[260] atuam como instrumentos para sua determinação: a recepção dos sons é aí obrigatória (*nāntarīyaka*).

259 Aklujkar (comunicação pessoal) suspeita tratar-se de citação do *Saṃgraha* de Vyāḍi.

260 Deva-datta é nome próprio (cf. lat. Deo-datus, gr. Theo-dōros), palavra (*pada*) que é parte de um enunciado.

91. Os manifestadores, diferentes individualmente,
quando no fonema, vocábulo ou enunciado,
apesar da larga diferença,
têm seus poderes como que misturados.

Os esforços [articulatórios] são distintos quando no fonema, no vocábulo ou no enunciado. Impelidas por eles, as correntes de ar golpeiam os pontos [de articulação]. Os sons que, por esses golpes, deixam traços têm propriedades (*svabhāva*) divergentes entre si, mas, apesar disso, a sutil diferença entre eles possui um elemento comum (*sāmānyamātrā*), assim como o possuem os manifestadores da espécie do boi ou do touro selvagem e a base do universal específico dos movimentos de girar, descer etc. Apesar de possuírem efeitos diversos, a essência (*ātman*) de seus poderes se acha baralhada em virtude de algum efeito específico. Daí que, nos fonemas indivisíveis, a determinação das partes se dê na forma de constituintes, nos vocábulos, na forma de fonemas, e nos enunciados, na forma de vocábulos.

92. Assim como, mesmo no escuro ou à distância,
tendo alterado um objeto (*viṣaya*)
pelos olhares anteriores,
[o intelecto o] determina ainda de outra maneira,

Tal é o que se passa com os sentidos [físicos] e os objetos [dos sentidos] no caso dos que possuem não mais que o sentido ordinário da visão, [a saber]: quando se capturam, à distância, apenas os contornos gerais duma forma (*ārūpamātropalabdhi*), toma-se uma árvore, por exemplo, por um elefante, mas em seguida, aplicando-se, da mesma posição, repetidas vezes [o olhar ao objeto], vai-se gradualmente percebendo [a coisa] como ela é (*yathāvayavam*); também, quando dum lugar bem iluminado se passa de repente a um aposento de iluminação escassa, pode-se de início confundir uma corda com uma cobra, mas em seguida, quando o olhar, ao aplicar-se repetidas vezes no objeto, se estabiliza, percebe-se [a coisa] como ela é (*yathāvat*).

93. DA MESMA MANEIRA, À MEDIDA QUE O ENUNCIADO
SE VAI MANIFESTANDO POR SUAS CAUSAS DE MANIFESTAÇÃO,
O INTELECTO ATIVA-SE ANTES
APREENDENDO AS PARTES.

[Pois então], ainda que o enunciado não possua divisões, os sons, à medida que se vão realizando por meio dos esforços [articulatórios] específicos pertinentes à manifestação do enunciado, mesmo que sejam diferentes dele, fazem, em virtude de integrar-lhes um poder comum (*sāmānyaśakti*), com que o intelecto (*buddhi*) proceda apreendendo as partes dos reflexos na forma de vocábulos e fonemas.

94. ASSIM COMO POSSUI UMA ORDEM FIXA
A TRANSFORMAÇÃO DO LEITE OU DO GRÃO,
DA MESMA MANEIRA É FIXA A SEQUÊNCIA [DE APREENSÃO
DO ENUNCIADO] NO INTELECTO (*BUDDHI*) DOS OUVINTES.

Seja entre os que defendem a criação (*utpatti*) ou a manifestação (*abhivyakti*),[261] o leite que se faz transformar em manteiga clarificada etc. – passando por fases específicas como a de

261 I.e., *asatkāryavāda*, doutrina da não preexistência do efeito na causa, e *satkāryavāda*, da preexistência do efeito na causa.

maṇḍaka[262] etc., que possuem ordem fixa e poderão ou não ter suporte em nomenclatura específica (*saṃvijñānapada*) –, mantendo, à sua maneira, contato com as propriedades da sua natureza primeira (*prakṛtidharma*), sem transgredir de nenhuma forma a ordem fixa da transformação, revela-lhe a faculdade produtora; o grão do arroz com casca que se faz transformar principalmente no grão descascado, passando também por fases específicas e invariáveis, tais como talo, broto, manifesta-se por meio da propriedade produtora inerente à transformação principal. Ora, é assim também no caso dos ouvintes que possuem percepção ordinária (*arvāgdarśana*), movidos primeiro pela apreensão do sentido do enunciado precedida da apreensão de sua forma: a fim de que o sentido, que possui meios fixos, se realize, cada cognição procede numa ordem fixa, centrada nos constituintes dos reflexos na forma das divisões das modificações.

Os *sphoṭa*,...

95. SE TÊM PARTES,
A DIFERENÇA DE FORMA SE DEVE À SERIAÇÃO DOS SONS;
SE NÃO TÊM, O EXPEDIENTE (*UPĀYA*)
É CONCEBER-SE UMA DIFERENÇA ENTRE PARTES.

Os propositores da diferença de forma pensam que, quando se diz *gauḥ*, "vaca", se ouvem nada mais que [os sons] *g*, *au* e *ḥ*, e que não há entidade verbal indivisa (*nirbhāga śabdātman*) diferente deles que seja apreendida ao se apreender a forma dos fonemas, e [ainda assim] aceitam a eternidade da palavra. Ora, uma vez que se manifestam serialmente também as quartas

262 Aklujkar (comunicação pessoal) sugere ser o estágio em que se forma uma espécie de nata na manteiga.

partes – inexprimíveis – dos traços dos fonemas, resulta que o recorte final (*antya paricchada*) que determinaria a forma própria do objeto (*vyaktarūpopagrāhin*) não se determina nem se torna um objeto apreensível. Ademais, caso todas as partes se expandissem, simultaneamente, não haveria como determinar o que se ouve, se *gave* ou *vega*, se *tena* ou *na te*.

Consequentemente, não há problema algum em haver uma forma [da palavra] a se relacionar com um sentido noutro nível. Ora, mesmo no caso dessa forma, a compreensão dá-se por meio da diferença, já que se produz na seriação dos sons que a manifestam. Com efeito, pode-se tomar uma corda por uma cobra, quando aquela se manifesta por meio de uma fonte de luz em contato com gordura de rã, por exemplo.[263]

Ou ainda, mesmo no caso em que [os *sphoṭa*] não tenham partes [...?], mostrou-se em versos precedentes como as intelecções [individuais] (*buddhi*) se tornam necessárias [para manifestá-lo], já que se associaram a propriedades específicas produzidas ao postular-se uma diferença de forma.

96. O UNIVERSAL MANIFESTO EM INÚMEROS INDIVÍDUOS
É TRANSMITIDO COMO *SPHOṬA*;
APENAS OS INDIVÍDUOS DELE SÃO, POR ALGUNS,
CONCEBIDOS COMO SONS.

Alguns, explicando a eternidade da palavra com base na do universal, na esteira de exemplos como "Para ambos os casos, aponta-se apenas o *sphoṭa*: o som *r* deriva do som *l*",[264] declaram que é o universal da palavra o que se expressa pelo termo *sphoṭa*,

---

263 O exemplo é obscuro.
264 *MBhāṣ 1.26.1.

diferente do ser palavra (*śabdatva*), já que é nele que se formam serialmente – ou seja, por meio de suportes seriais, não simultâneos – os traços que servem à percepção (*upalabdhi*). Já as palavras individuais (*śabdavyakti*), impermanentes que são, uma vez que sua forma não pode ser referida em sua especificidade, iluminando o *sphoṭa* como forma de referência (*vyapadeśyarūpa*), são referidas, elas mesmas, por meio dos sons.

97. Modificado por causas [determinadas],
o som torna-se a causa da percepção
da palavra imutável (*avikāra ṣabda*),
assim como a luz.

Outros, por seu turno, dizem que, em virtude das diferentes maneiras de dar-se conta das transações de universais (*ākṛti*) e indivíduos (*vyakti*), a essência da palavra una, eterna e não sujeita a transformação, por meio de sons que se diversificaram por fatores [determinados], se manifesta – sem residir neles – como uma forma "colorida" pelas modificações próprias desses sons que a manifestam, desfazendo a confusão sobre as coisas (*vastusaṃpramoha*) à maneira, por exemplo, da luz duma lamparina.

98. Ademais, a manifestação não está instituída
estritamente no [caso dos] não eternos;
tem-se em consideração a manifestação
de universais eternos também em suportes (*āśraya*).

Aqui, uns[265] apontam que é justamente esse manifestar-se o que faz com que defendam a não eternidade: a palavra não é

265 O verso é a resposta à objeção dos *naiyāyika*. O comentário explicita a objeção.

eterna porque é alguma coisa sujeita à manifestação, como um pote. Tem-se em vista, nesse caso, a manifestação, por meio da luz ou outro expediente, de objetos não eternos, como potes etc., e, dado que se aceita que a palavra se manifesta por meio dos sons, ela é, portanto, não eterna. Se ela não se manifesta, tem-se então que é algo que se cria (*prāpta*), caso em que ela também não será eterna.

Aos que aceitam que há universais e que são eternos, responde-se: o argumento não é válido, porque é visto de duas maneiras.

Os que, enfim, afirmam que de eterno não há nada,[266] quando objetam aos proponentes da eternidade da palavra por meio da invalidade, estes objetam-lhes antes de mais nada pela mesma invalidade da natureza inconclusiva (*anaikāntikatva*) [do argumento deles]. De que forma? Quando [o budista] diz ao outro[267] [que a palavra não é eterna], porque é alguma coisa sujeita à manifestação, isso não é argumento porque é duvidoso; ou, se dissesse que aquilo que resulta daquele argumento pode variar, o raciocínio (*tarka*) [da mesma maneira] não se sustentaria.

99. CONEXÃO COM O ESPAÇO ETC.
É OBSERVADA TAMBÉM NO CASO DOS QUE TÊM CORPOS;
A DESPEITO DA CONCEPÇÃO DE DIFERENÇA DE ESPAÇO,
NÃO HÁ DIFERENÇA ENTRE SOM E PALAVRA.

Aqui se apresenta outra objeção: a palavra não se manifesta, por causa da diferença de espaço (*deśa*) [entre manifestador e

266 I.e., os budistas.
267 I.e., o gramático.

manifestado]. Potes e outros objetos que compartilham um mesmo espaço manifestam-se por meio da luz do sol ou de outra [fonte de luz]. Já a palavra, ela se manifesta num lugar diferente de onde se dá o contato e a separação dos órgãos [articulatórios].

E isso não é o que se passa no caso dos sons que a manifestam.

Relativamente a isso também se questiona: como a palavra que está num só lugar se manifesta por meio de sons distantes que estão em muitos lugares? Ao que se dá a seguinte resposta:

A propriedade dos corpos materiais (*kāyavat*) é tal que eles podem estar tanto em um quanto em vários lugares. O Sol e outros desses corpos que têm espaços bem delimitados, ainda que materiais, são percebidos como que ocupando *loci* (*adhikaraṇa*) diversos. Já no caso do som e da palavra, que superam o falar em termos de "espaço" e "espacial", mesmo que se creia na ideia de que sejam diferentes no espaço, não há entre eles, de fato, diferença alguma.

100. ASSIM COMO ESTÁ ESTABELECIDA COMPATIBILIDADE (*YOGYATĀ*)
RESTRITA ENTRE O APREENDIDO E O APREENSOR,
OCORRE O MESMO ENTRE O *SPHOṬA* E O SOM,
MESMO SENDO MANIFESTADO E MANIFESTADOR.

Eis outra objeção: a palavra não se manifesta, por causa da fixidez dos manifestadores. O que se vai manifestar não requer um manifestador fixo. Qualquer objeto, mesmo um pote etc., pode se manifestar por meio de qualquer objeto, astros, planetas, plantas, lamparinas, pedras preciosas.[268] Ora, aceita-se

268 Obscuro. Decerto há aí problemas na transmissão do texto.

que a palavra se manifesta por meio de sons fixos, já que não se manifestam determinados fonemas por meio de sons que são a causa da manifestação de outros fonemas; logo, a palavra não se manifesta.

A isso se responde com o que se disse no verso. Ilustramos: apenas a cor (*rūpa*) que reside no órgão da visão é a causa da manifestação da cor exterior (*bāhya rūpa*), não outras qualidades nem mesmo outros sentidos [físicos] nem, enfim, outras qualidades dos sentidos são responsáveis pela manifestação do objeto exterior (*bāhya artha*).

Ao contra-argumento (*paryanuyoga*) de que não existe tal restrição no caso de objetos captados por um mesmo sentido, dá-se seguinte resposta:

101. E NO CASO DE ODORES ETC.,
QUE POSSUEM O MESMO APREENSOR,[269]
UMA CAUSA RESTRITA ESTÁ ESTABELECIDA,
NO SÉCULO, PARA CADA SUBSTÂNCIA.

Mesmo no caso de objetos capturados pelo mesmo sentido, observa-se tal propriedade.[270] Ilustramos: no caso de substâncias tais como o betume, rios,[271] outra substância é capaz de, combinada [com uma delas], manifestar-lhe o odor específico.

269 I.e., que são apreendidos pelo mesmo órgão (do sentido).

270 I.e., de haver uma causa manifestadora específica para cada substância presente neles.

271 O exemplo não é claro. É possível que haja aí problemas na transmissão do texto.

102. E O OBJETO (*ARTHA*) A ILUMINAR SEGUE
AS DIFERENÇAS DOS ILUMINADORES,
O QUE É EVIDENTE NO CASO DUM REFLEXO,
DIFERENTE NA ÁGUA, NO ÓLEO ETC.

Eis outra objeção: a palavra não se manifesta, pois quando os manifestadores mudam de número, aumentam ou diminuem, o que manifestam não se conforma às propriedades das mudanças. Ora, quando os manifestadores diminuem ou aumentam, não se percebe um aumento ou uma diminuição nos objetos que manifestam. Ilustramos: quando a luz aumenta ou diminui, [não se percebe aumento ou diminuição] do pote ou de outros objetos; nem também, quando muda o número de fontes de luz, se observa que potes ou outros objetos, que se associavam com determinado número de fontes de luz, mudem de número, em virtude de associar-se com mais ou menos fontes de luz. No caso da palavra, quando muda o esforço [articulatório], observa-se uma mudança quer de extensão quer de número [da palavra], razão pela qual afirmamos que ela não se manifesta.

Ao que se responde da seguinte maneira: observa-se, sim, haver conformação [?] (*bhedānuvidhāna*) do que é manifestado com o que o manifesta. Ilustramos: em superfícies refletoras côncavas, como de um espelho etc., vê-se um reflexo central convexo; em superfícies convexas, um reflexo côncavo; numa espada, um reflexo alongado; no óleo de semente de *prayaṅgu*, azulado; numa adaga chinesa, num vidro persa etc., o reflexo seguirá os câmbios da medida de cada superfície, de modo que serão inumeráveis as variações desses câmbios. Mesmo a mudança de número pode ser observada, no caso dos reflexos do sol e de outros corpos materiais, quando muda a superfície refletora ou quando se movem as marolas na água.

Ao que se poderia treplicar: o reflexo [da lua ou de outro objeto] que se percebe como que residindo no espelho etc. é uma coisa completamente diferente (*bhāvāntara*) da lua ela mesma.

E a isso se responde:

103. Em superfícies como a de um espelho ou diamante,
 cuja medida lhes é incompatível,
 não há a produção (*saṃbhava*) de objetos (*bhāva*)
 da mesma forma de montanhas etc.

Em suportes como a superfície de um diamante, não pode haver a produção (*utpatti*) de objetos que tenham a mesma forma de montanhas etc., residindo ali dentro com dimensões que lhes são incompatíveis.

104. Portanto, no fonema, vocábulo
 e enunciado, nos quais não há tempos diferentes,
 o tempo dos modos e seu próprio tempo
 distinguem-se por causa da diferença nos sons.

O poder do tempo é um poder auxiliar (*sahakāriṇī śakti*), não opera na condição (*sthiti*) de coisas eternas. Ainda que o intelecto, nas transaçoes do século,[272] lhes vá seguindo a natureza individual de um extremo a outro, no que concerne à sua [verdadeira] condição (*sthiti*), nenhum dos *sphoṭa* – a que se chama fonema, vocábulo ou enunciado, cujas formas

272 I.e., no processo de comunicação.

se acumulam e diminuem –, no entanto, se divide. Mas, uma vez que se tornam objetos da percepção, acredita-se que os *sphoṭa*, que em si mesmos não possuem distinções temporais, têm na percepção condição (*sthiti*) [própria].

"O tempo dos modos e seu próprio tempo." O som primário, cuja forma de existência se sobrepõe à essência da palavra, é, em virtude de não se poder capturar a diferença entre eles, a causa da fixação (*avasthā*) das distinções entre os tempos breve, longo e prolato na atividade [verbal] (*vyavahāra*).

O som secundário, por seu turno, exterior, determina a fixação dos modos rápido, médio e lento.

105. O QUE É PRODUZIDO PELOS ÓRGÃOS ARTICULATÓRIOS,
POR CONTATO E SEPARAÇÃO, É O *SPHOṬA*;
AS PALAVRAS QUE NASCEM DA PALAVRA
SÃO POR OUTROS CHAMADAS "SONS" (*DHVANI*).

Na tese da não eternidade [da palavra] (*anityapakṣa*), chama-se *sphoṭa* à forma que é produzida primeiro, pelo contato e separação dos órgãos nos pontos [de articulação]. Aquilo que é produzido pelo *sphoṭa* ocupa todas as dimensões do espaço, captura os reflexos da forma dele – pois, ainda que haja uma separação fictícia (*pravibhāgopacāra*) dos objetos em contato, nenhum deles, de fato, tem partes –,[273] aquilo cuja capacidade de capturar os reflexos dos sons precedentes vai diminuindo graças à contiguidade contínua (*nairantyapratyāsatti*) das partes e à não interrupção do contínuo de causa e efeito, que é como

273 O trecho entre traços não é de todo claro para nós: omitimos o seguinte símile que não pudemos traduzir: *ākāśasyāpi mukhya-samavāyi-deśavat*.

o contorno geral (*ārūpa*) da forma que se vê sob luz fraca e que, perecendo gradualmente, distingue a audição (*śruti*) dos fonemas, a isso se chama som (*dhvani*).

Já na tese da eternidade [da palavra] (*nityapakṣa*), *sphoṭa* é aquilo que se manifesta por meio dos sons produzidos pelo contato e separação dos órgãos nos pontos [de articulação]. Para alguns é o que se manifesta pelas ressonâncias (*nāda*) que nascem dos sons produzidos pelo mesmo contato e separação. Os sons nascidos dos sons [originais], que capturam a forma do *sphoṭa*, sua capacidade de manifestar-se diminuindo passo a passo, são, por seu turno, responsáveis pela fixação das diferenças dos modos rápido, médio e lento.

106. SEJA A PALAVRA MAIOR OU MENOR,
O TEMPO DO *SPHOṬA* NÃO SE DIFERENCIA:
JÁ O *CONTINUUM* DA PALAVRA (*ŚABDASAMṬĀNA*) É OUTRA COISA,
QUE CONSISTE DE ACÚMULO E DIMINUIÇÃO.

Diz-se que uma forma da palavra é maior ou menor de maneira apenas figurada (*upacaryate*), pois são ambas concomitantes com o espaço; ou em virtude de uma convenção (*prasiddhi*), pois em toda a parte a convenção é a base da fixação dos objetos. Ora, essa fixação que é pertinente às coisas (*vastu*) não é decerto algo estável, haja vista os discursos (*pravāda*) que se diferenciam em suas tradições e arrazoados.

Nesse caso, não há, sem exceção, qualquer diferença entre uma palavra menor ou maior, em virtude da natureza efêmera (*utpannāpavargitva*) das palavras que são efetuadas e das que produzem efeito. É como no caso da cognição de um mosquito ou de um elefante. A capacidade da palavra diferencia-se por diferentes causas auxiliares, no momento de produzir um efeito. O efeito do som que é produzido quando se bate um tambor alcança grande distância; já quando se bate numa taça de bronze, inicia-se um *continuum* (*saṃtāna*) de tempo prolongado, que é capturado nos arredores.

107. MAS, COMO A LUZ DE UMA LAMPARINA,
À DISTÂNCIA APENAS O SOM É NOTADO;
NOS SONS (*ŚABDA*) DE SINOS ETC.
ESSA DIFERENÇA É DISTINTAMENTE OBSERVADA.

Aqui alguns mestres (*ācārya*) pensam que o *sphoṭa* manifesto está associado a um som inato (*sahaja*) que, como a luz, permeia o espaço, da mesma maneira que uma substância se associa ao cheiro apenas no momento de sua manifestação. Assim como, no caso de uma lamparina, o combustível (*tejodravya*) é a causa material que em si contém as partes densamente compactadas da luz, e apoiada nele, a luz segue suas modificações, da mesma maneira, o *sphoṭa* e o som, bem distintos quando do golpear dum sino, são a propriedade de manifestação de todos os fonemas.

Essa diferença entre os sons primário e secundário foi explicada nos dois últimos dísticos.

108. ACUMULADAS PELO GOLPEAR DAS SUBSTÂNCIAS,
DIFEREM TAMBÉM AS VOGAIS LONGA E PROLATA;
MAS, CESSADA A RESSONÂNCIA, OS SONS
PRODUZIDOS SÃO ESPECIFICADORES DE MODO.

Mesmo na tese da não eternidade [da palavra] (*anityapakṣa*), as vogais longa e prolata não se acumulam quando os sons se acumulam. Mas e então, [acumulam-se como]? Apenas por golpear uma substância, pois é a forma própria de ambas que se produz por certa quantidade de golpes. Portanto, da percepção da forma própria dessas duas vogais segue uma ressonância que, em virtude de um golpe específico nos órgãos [de articulação], está mutuamente conectada com suas partes e segue as vibrações perceptíveis do ar. Quando essa ressonância cessa, os sons produzidos pelos sons originais[274] tornam-se a causa da sistematização dos modos rápido etc.

109. MESMO QUE O ÓRGÃO POSSUA RESSONÂNCIA
INSTÁVEL, OUTROS SONS
SÃO PRODUZIDOS APENAS A PARTIR DO *SPHOṬA*,
COMO UMA CHAMA DE OUTRA CHAMA.

Mesmo quando a ressonância segue sem interrupção, o som que é produzido pela articulação (*abhighātaja*) nunca deixa de produzir efeito. Nesse caso, os sons que são produzidos naquela ressonância [...] os sons que têm o mesmo tempo formam a unidade chamada *sphoṭa*. Esses atos articulatórios subsequentes [?] (*abhimarśin anupravāda*), não uniformes, são chamados *anuṣaṅga*.[275] Diz-se que, mesmo no caso dos atos supramencionados, enquanto não cessar a ressonância, o processo de produzir um efeito continua, em cada *anuṣaṅga*, a exercer seu papel de promover a apreensão do *sphoṭa*. Essa produção é ilustrada pela propriedade de continuidade da chama que nasce do

274 *Nādajā nādāḥ*. A expressão não é clara.

275 O termo não é claro, Subramanya Iyer traduz por "secondary sounds", Biardeau, por "résonances intermédiaires".

combustível: assim como as chamas procedem produzidas continuamente pelas chamas que há no combustível e ajudam os objetos iluminando-os, da mesma maneira é o avanço do som.

110. O AR, OS ÁTOMOS OU A COGNIÇÃO
ALGUNS CONSIDERAM QUE SE TORNAM PALAVRA;
DE FATO, A DIFERENÇA ENTRE OS PONTOS DE VISTA (*DARŚANA*)
NÃO ESTÁ ESTABELECIDA NOS DISCURSOS (*PRAVĀDA*).

Pois, então, alguns propõem que é o ar (*vāyu*) que se torna palavra [articulada] (*śabdabhāvāpatti*):

111. "ATIVADO PELO ESFORÇO
QUE SE CONFORMA COM O DESEJO DO FALANTE,
TENDO GOLPEADO OS PONTOS [DE ARTICULAÇÃO],
O AR SE TORNA PALAVRA.

112. CARACTERIZADO POR MASSA E VELOCIDADE
POR CAUSA DE SUA FORÇA DE CAUSA [?],
SE ESPEDAÇAM NA COLISÃO COM ELE
MESMO OS CORPOS SÓLIDOS."[276]

A tudo isso devemos observar.

Outros entendem que são os átomos (*aṇu*) que se tornam palavra articulada. Eis o que disseram:

113. "OS ÁTOMOS, POR POSSUÍREM TODOS OS PODERES,
ACHAM-SE EM COMBINAÇÃO E SEPARAÇÃO,
SUJEITOS A TRANSFORMAR-SE EM SOMBRAS,
ESCURIDÃO, CALOR, PALAVRAS ETC.;

---

276 Fonte desconhecida.

114. À MEDIDA QUE SEU PODER PRÓPRIO SE MANIFESTA,
POSTOS EM MOVIMENTO PELO ESFORÇO,
OS ÁTOMOS SUPREMOS (*PARAMĀṆU*), CHAMADOS 'PALAVRAS',
CUMULAM-SE COMO NUVENS."

A isso tudo devemos observar.

Outros, ainda, explicam que é a cognição (*jñāna*) que se torna palavra articulada:

115. "ENTÃO, ESSE CONHECEDOR INTERNO (*ĀNTARA JÑĀTA*),
SITUADO NO SI DA VOZ SUTIL (*SŪKṢMA VĀGĀTMAN*),
A FIM DE MANIFESTAR SUA FORMA PRÓPRIA
EXPANDE-SE EM PALAVRA.
116. ELE, TENDO SE TORNADO MENTAL,
AMADURECIDO PELA ENERGIA VITAL (*TEJAS*),
ENTRA NO ALENTO
QUE É, ENTÃO, EXPELIDO;
117. O AR, FEITO BASE
DA ESSÊNCIA DO ÓRGÃO INTERNO,
PLENO DAS PROPRIEDADES DELE,
EXPANDE-SE COM O AUXÍLIO APENAS DA ENERGIA VITAL;
118. PARTINDO OS NÓS DE SI MESMO
EM FORMAS DISTINTIVAS DE SONS,
O ALENTO, MANIFESTANDO OS FONEMAS,
NELES MESMOS SE DISSIPA."[277]

A tudo isso devemos observar.

Isso é apenas uma amostra (*nidarśana*) [dos pontos de vista existentes]. Diferentes opiniões (*mata*) encontram-se entre

277 Fonte desconhecida.

os autores dos comentários aos tratados de fonética (*śikṣā*). Ilustramos:

> *O alento, expelido para cima por um esforço interno, reúne, com o auxílio da energia vital, as partes das palavras a partir dos orifícios que as carregam, como uma camada de fumaça. Esse maciço de palavras* (śabdaghana), *à medida que se vai reunindo nos pontos de articulação, captura o reflexo não manifesto da palavra interior por meio de algum lume.*[278]

A tudo isso devemos observar. E ainda:

> *O ar, que é posto em movimento a partir do umbigo pelo esforço [articulatório], sobe e golpeia qualquer uma das zonas de articulação do peito em diante. E é daí que surge a palavra [articulada].*[279]

Assim como nesse caso, devemos observar os desenvolvimentos das diferentes opiniões (*matabheda*) dos autores dos tratados de Fonética.

Disse ainda o mestre [Pāṇini], entre outras coisas:

119. "O SI, TENDO EXAMINADO OS SENTIDOS COM O INTELECTO,
JUNTA A MENTE COM O DESEJO DE EXPRESSAR;
A MENTE GOLPEIA O FOGO NO CORPO,
E O SI ENTÃO EXPELE O AR (*MARUT*)."

278 Fonte desconhecida.
279 *AS 8.1.

Ainda outro recita:

> *O ar torna-se a causa material [dos sons] quando no abdome;*
> *quando vem a situar-se na garganta, ele se torna bafo ou som.*[280]

Ainda outro disse:

> *O fogo corporal* (kayāgni), *golpeado pela mente, expele o alento* (prāṇa). *Ele, subindo a partir do umbigo, golpeia o véu do palato, em seguida, golpeado por outra corrente de ar, o som se produz, [primeiro] como* k, *[depois] como* kh.[281]

Os pontos de vista tradicionais (*āgamadarśana*) que se apresentam nos tratados de Fonética, e que diferem de acordo com o ramo a que pertençam, devem ser considerados, todos eles, pormenorizadamente.

120. A PALAVRA QUE NUNCA CESSA
NÃO É PERCEBIDA PORQUE É SUTIL;
COMO A BRISA DUM LEQUE,
ELA É PERCEBIDA A PARTIR DUMA CAUSA PRÓPRIA.

Aqui segue-se outra tradição: o som sutil, que é como uma reunião de ares (*vāyusaṃnicaya*), existe dentro e fora de todos os corpos (*mūrti*).

Esse som sutil é, para alguns, o que se chama *ākāśa*, "éter".

---

280 RVP 13.1.
281 Fonte desconhecida.

Quando da produção dos átomos primordiais, o ar, uma vez que não está reunido pelo abano dum leque, se deixa penetrar pelas ações [dos órgãos de articulação] à medida que vai se separando do seu lugar de origem. Da mesma maneira o som, cuja forma acumulada se manifesta por causas próprias, tendo alcançado o ouvido, é apreendido e prepara-o [para a cognição].

121. AQUELE SEU PODER QUE SE ACHA INSTITUÍDO
NO ALENTO E NO INTELECTO,
À MEDIDA QUE SE VAI EXPANDINDO NOS PONTOS [DE ARTICULAÇÃO],
É ELE QUE PRODUZ A DIFERENÇA.

Esses são apenas pontos de vista (*darśana*) diferentes. Nesse verso [em particular], não se trata do som contínuo que tem a propriedade de acumular-se, mas sim da forma que se discutiu anteriormente no contexto de diferentes discursos (*pravāda*).

Essa [forma da] palavra é, portanto, algo que tem como suporte o alento e o intelecto. Manifesta pela combinação dos poderes dos elementos de ambos, é ela que, por seu turno, veicula o sentido. O que se passa é que o alento se deixa penetrar pelo princípio mental e ele, então, vem subindo e, moldando-se, como uma chama, com o esforço de arraste nos pontos [de articulação] dos fonemas, assume diferentes formas, em virtude das modificações resultantes da variedade das resistências [dos órgãos de articulação] que capturam a palavra eterna (*nityaśabda*). Essa transformação dos poderes combinados do alento captura, então, diferenças tais como "terra", "embrião", "*nyagrodha*", "grão", investindo a unidade primordial chamada "palavra", em que não há qualquer diferença, de apenas uma coloração de diferença.

122. APOIADO APENAS NAS PALAVRAS ESTÁ O PODER
QUE ATA[282] ISSO TUDO;
O SI DA INTUIÇÃO (*PRATIBHĀ*), COM ESSE [PODER] POR OLHO,
EVOLVE COMO FORMA DE DIFERENÇA.

Para alguns, os universais têm por suporte a palavra sutil (*sūkṣmaśabda*), e são eles que, quando se manifestam por meio da transformação do suporte, se estabelecem como significantes e significados (*vācya, vācaka*).

Para outros, os poderes dos constituintes dos objetos (*viṣayamātrā*) dissolvem-se incorporando-se aos sentidos e, então, os poderes dos constituintes dos sentidos (*indriyamātrā*), às intelecções, e, enfim, os poderes dos constituintes das intelecção (*buddhimātrā*), à unidade não serial da voz (*pratisaṃhṛtakrama vāgātman*).

Ora, esse modo de criação e dissolução,[283] que existe na forma de indivíduos distintos entre si, encontra-se sempre presente na causa maior que é a essência da voz (*vāktattva*).

Há ainda outros que disseram:

Só a voz (vāc) *vê o sentido, só ela é quem fala;*
só ela revela o sentido oculto;\
só a ela este mundo (viśva) *de variegadas formas está atado;*
é ela que divide esse uno e, então, o experiencia.[284]

---

282 *Nibandhanī* tanto é a forma f. do adjetivo *nibandhana*, "que liga, ata", como pode ser substantivo (liga, atadura, laço). Cf. I.163.

283 Lit., "sono" e "despertar" (*svapna, prabodha*), usados metaforicamente.

284 Fonte desconhecida.

123. UMA VEZ QUE A DIFERENÇA ENTRE *ṢAḌJA* ETC.[285]
É DETERMINADA QUANDO NOMEADA PELA PALAVRA,
TODOS OS TIPOS DE SENTIDO (*ARTHA*)
APOIAM-SE NOS CONSTITUINTES DAS PALAVRAS.

Todo objeto que pode ser referido por um termo específico figura na comunicação à medida que é determinado por meio da memória (*smṛti*), da referência ao significado (*abhijalpa*) e ao referente (*ākāra*). [...] A diferença entre as sete notas, a saber, *ṣaḍja*, *ṛṣabha*, *gāndhāra*, *dhaivata*, *niṣāda*, *pañcama* e *madhyama*,[286] cujos termos de referência não são bem conhecidos nem estáveis, não pode ser determinada a não ser que se recorra a outras palavras que auxiliem na determinação. O vaqueiro e o pastor, só depois de fixar os termos de base,[287] então conversam acerca das características das vacas etc. Portanto, o objeto particular, sobreposto em nomes próprios e gerais, os quais podem ou não ser explicados, manifesta-se por meio do intelecto, quando este se combina com os poderes da palavra, é capturado por ele, quando, então, se molda pela palavra, e nele se incorpora, quando, enfim, se torna palavra.

285 Uma das sete notas musicais. Em Rau, a lição é *śabdādi*.
286 As sete notas da escala indiana; também mencionadas em 35.
287 I.e., os nomes dos animais.

124. Este [mundo] é uma transformação da palavra,
sabem-no os conhecedores da Herança (*āmnāya*);[288]
tudo isto ativa-se
primeiro a partir dos Hinos.[289]

Assim como alguns, para explicar a relação de causa e efeito, levando em consideração a continuidade das propriedades da causa nos efeitos, chegam seja a uma coleção de átomos, seja a um elemento principal, seja a um conjunto de poderes, todos eles despojados de qualquer diferença, sutis, ininteligíveis, nos quais desapareceram os poderes dos indivíduos, mas que têm potencialidade para todas as modificações, [ou ainda] a uma diversificação que é a causa da ignorância, mas que não tem conexão com as seis modificações do ser, da mesma maneira, na tradição [védica], o *status* de causa (*kāraṇatva*) da unidade chamada "palavra" tem sido transmitido de muitas maneiras. Ilustramos:

Feito de estrofes, fórmulas e canções do Veda[290] *é o* puruṣa,[291] *filho de Virāj;*[292] o puruṣa *é o mundo;* o puruṣa *é o sacrifício; a ele pertencem as três oblações; elas são os tijolos de três marcas; os tijolos são os três mundos.*[293]

288 I.e., o Veda.

289 I.e., do Veda.

290 *Ṛc, yajus, sāman*. Referência aos três Vedas: *Ṛg-*, *Yajur-* e *Sāma-veda*.

291 No *Veda*, o "homem cósmico, primordial" a partir de cujo corpo se forma o universo.

292 I.e., o que se espalha.

293 Fonte desconhecida.

E ainda:

Feito de versos e canções do Veda, o primeiro homem, filho de Virāj, foi quem criou o alimento; e dele os animais nasceram; dos animais, as árvores; das árvores, o fogo. Por isso dizem: não ordenheis num copo de madeira, que ele é, de fato, fogo. Por isso não se deve ordenhar num copo de madeira.[294]

Há também esta glosa da estrofe:

De Indra,[295] *o Veda produziu o primeiro alimento.*
Desse [alimento] provêm esses nomes e formas que a tudo permeiam.
O nome proveio do alento (prāṇa)*, do Veda, a forma.*
Um só Veda brilha de muitas formas.[296]

E ela continua:

A voz (vāc) *produziu todos os mundos;*
da voz vem tudo o que é mortal e imortal.
A voz experienciou tudo isso; a voz falou de muitas maneiras;
não há nada além da voz e nada que ela não tenha dito.[297]

Diz ainda um antigo texto:

125. "TENDO SE DIVIDIDO DE MUITAS MANEIRAS,
ESSE *PRAJĀPATI* FEITO DE HINOS,
COM SUAS PARTÍCULAS DE HINOS,
DE MUITAS MANEIRAS REENTROU NELE (?);[298]

---

294 Fonte desconhecida.
295 Principal deus do panteão védico, senhor das chuvas.
296 Fonte desconhecida.
297 Fonte desconhecida.
298 Em si mesmo (?).

126. NAQUELES HOMENS EM QUE SE ACHA INSTITUÍDA
A CORRETA, ABUNDANTE VOZ (*VĀC*),
NELES CORRE COPIOSAMENTE
A FORMA PURIFICADORA DE *PRAJĀPATI*;
127. ESSA GRANDE CHAMA DE *PRAJĀPATI*
ESTÁ COMO QUE COBERTA POR UM VASO:
QUANDO SEPARADA DO CORPO DOS SÁBIOS,
ELA CORRE PARA SUA FONTE;
128. ESTE ORBE DE ESPLENDOR,
MORADA DE EXTRAORDINÁRIO GOZO,
INCORPORANDO-SE À EXISTÊNCIA,
NA CIÊNCIA SE DISSOLVE.[299]

129. TODA OBRIGAÇÃO (*ITIKARTAVYATĀ*) NO SÉCULO
APOIA-SE NA PALAVRA,
AS QUAIS MESMO UMA CRIANÇA COMPREENDE,
QUE JÁ TEM DEPOSITADAS AS IMPRESSÕES.

Um objeto que não é apreendido pelo uso [da palavra], ainda que exista, é como se não existisse. E objetos completamente sem existência, como o chifre da lebre, acabam por estabelecer-se pelo uso. Miragens etc., que são coisas que vêm e vão, e o teatro de sombras, à medida que são expressos pela palavra, aparecem em todos os seus efeitos como se tivessem real existência.

Ademais, as crias de cada espécie animal têm uma palavra inata (*samāviṣṭavāc*): em cada ação que perfazem com vistas a um propósito, elas demonstram um entendimento (*pratipatti*) que se baseia numa palavra que não se pode explicar (*anākhyeya*), e

299 Fonte desconhecida.

isso porque, nelas, as impressões das ações despertam na forma de um cultivo dessa pré-palavra (*pūrvaśabdabhāvanā*).

130. O PRIMEIRO DEPÓSITO NOS ÓRGÃOS
É A MOÇÃO DO ALENTO PARA CIMA,
E O GOLPE DOS ÓRGÃOS DE ARTICULAÇÃO
NÃO HÁ SEM O CULTIVO (*BHĀVANĀ*) DA PALAVRA.

Esse cultivo da palavra, que assenta em cada um tomando para si os germes da cognição, é sem começo; nem pode ser, de maneira alguma, algo de humano (*pauruṣeya*).[300]

Destarte, o depósito nos órgãos e as outras ações supracitadas não se realizam por meio de instrução, só são acessíveis, no século, instintivamente (*pratibhāgamyā*). A não ser que se aceite que sua natureza é palavra, quem seria capaz de criar esses poderes no homem, introduzi-los nele?

131. NÃO HÁ ENTENDIMENTO (*PRATAYA*) NO SÉCULO
DESACOMPANHADO DE PALAVRA;
TODA COGNIÇÃO (*JÑĀNA*) FULGE
COMO QUE ENTREMEADA DE PALAVRA.

Uma vez que esse cultivo da palavra é algo latente (*saṃhṛta-rūpā*), mesmo se algum tipo de cognição ocorresse, com respeito a objetos a conhecer, ela não serviria a nenhuma função prática (*jñānena kāryaṃ na kriyate*) se não fosse acompanhada de palavra. Ilustramos com o caso da pessoa que vai apressada por uma senda nas montanhas: mesmo que haja cognição pelo toque da grama, de torrões de barro, há esse estado de cognição que nos

300 I.e., criado pelo homem.

escapa (*kācid eva sā jñānāvasthā*), em que as sementes do cultivo da palavra apresentam sua face, que é quando vêm à tona os poderes das palavras que apreendem o sentido – essas palavras se apresentam quer em forma exprimível, quer inexprimível, e aqueles poderes restringem-se a um objeto específico. Daí então a forma unitária da coisa (*vastvātman*), que vai sendo moldada e capturada pela cognição, que é entremeada pela língua e segue os poderes dela, daí então ela se dá a conhecer com clareza, junto com a cognição. Ora, é quando, por alguma razão, as sementes da audição se manifestam, que então se gera a lembrança.

Ademais, para alguns mestres, a expansão do processo de cognição (*jñānapravṛttiprabandha*) é igual numa pessoa que dorme ou vigia. A única coisa é que as impressões do cultivo da palavra retornam, no sono, ao modo sutil. Por isso, eles chamam a esse estado "inconsciente" (*asaṃcetita*).

Essa consciência, que está sempre em atividade, experiencia a aparição e o desaparecimento na forma da palavra primeira (*śabdaprakṛti*) e de suas modificações (*vikāra*).

132. SE A NATUREZA VERBAL[301] (*VĀGRŪPATĀ*) DA INTELIGÊNCIA (*AVABODHA*),
ETERNA, CESSASSE,
O LUME [DA INTELIGÊNCIA] NÃO LUZIRIA MAIS,
POIS É ELA QUE O REFLETE [?] (*PRATYAVAMARŚINĪ*).

Assim como a natureza do fogo é ser um iluminador ou a do controlador interno é ser a consciência, da mesma maneira, toda cognição é acompanhada de constituintes de natureza verbal (*vāgrūpatāmātrānugata*). Mesmo no estado inconsciente

301 Lit., "a forma de *vāc*" do entendimento.

é recorrente essa presença sutil. E aquela luz que recai de imediato nos objetos exteriores (*bāhya artha*) reflete [interiormente] (*pratyavamarśayati*) apenas a forma própria da coisa, sem tomar para si as causas, e isso por meio de um procedimento que não pode ser referido por uma predicação de identidade (*idaṃ tad iti*). Mesmo no momento da lembrança, quando tais impressões das percepções apresentam sua face, apenas a associação com a luz é que se torna recorrente na mente, e ela é como que uma forma geral (*ārūpa*), por exemplo, dos versos que se quer recordar, como quando nos perguntamos: "Há uma passagem do Veda, um verso – agora me escapa –, que eu sabia apenas de ouvido". Quando a forma da palavra não está presente, a luz, mesmo que se produza de alguma maneira, até que tome a forma do objeto, não se estabiliza na sua função iluminadora.

Quando surge a cognição dos constituintes [de objetos?] de formas diferentes, desconexos, sem existência individual, o fato de que haja um arranjo (*anusaṃdhāna*) no último momento, a produção de um sentido unitário na reflexão [?] (*pratyavamarśa*), a apreensão sem divisões da conjunção e combinação dos poderes [de significação?], tudo isso se deve à natureza verbal da inteligência. É ela que produz arranjo e reflexão e, mesmo no caso de uma ideia voltada para uma ação propositiva, qualificada por todas as especificidades, ela não abandona seu aspecto de distinção e combinação, não obstante a hipótese de abstração de [seus] poderes (*śaktyapoddhārakalpanā*).[302]

---

302 A tradução deste parágrafo é apenas tentativa: o sentido do texto não nos é claro, e a divergência entre as traduções de Subramanya Iyer e Biardeau não nos ajudaram a esclarecê-lo plenamente.

133. Ela é a liga das partes
de todas as artes e ciências (*śilpa*, *vidyā*);
por força dela toda
coisa criada (*abhiniṣpanna vastu*) é dividida.

Tanto no caso de objetos mundanos como de védicos,[303] a comunicação humana (*manuṣyāṇāṃ vyavahāraḥ*) é normalmente dependente das subdivisões das artes e ciências etc.; as atividades de todos os seres vivos (*bhūtagrāmya*),[304] por sua vez, sejam inertes ou móveis, dependem do ser humano (*manuṣya*); as ciências etc. estão atadas ao intelecto, que é por sua vez de natureza verbal; e objetos como potes etc., causadores e causados, quando são produzidos, toda instrução ou planejamento que se faz acerca deles ocorre seguindo essa natureza verbal da inteligência.

134. Ela – consciência (*saṃjñā*) de todos os viventes (*saṃsārin*) –
corre dentro e fora;
a sensibilidade (*caitanya*), em todas as espécies,
não ultrapassa os constituintes dela.

É quando na consciência se encontra a da natureza verbal que se diz, no século, que alguém está consciente ou inconsciente. Pois assim se disse:

303 I.e., que pertençam ao âmbito consagrado das práticas ritualísticas.
304 Lit., "aquele que tem corpo [lit., agregado (*grāmya*) de elementos (*bhūta*)]".

135. "É A VOZ (*VĀC*) QUE MOVE TODOS OS SERES
VIVOS À AÇÃO DE PROPÓSITO (*ARTHAKRIYĀ*);
QUANDO CESSA, CONSTATA-SE O [SER] INCONSCIENTE,
COMO UM PEDAÇO DE PAU OU UM MURO."[305]

Mesmo no caso daqueles que têm a consciência voltada para dentro, o constituinte dos sentimentos da alegria ou da tristeza existe enquanto associado à natureza verbal [da inteligência]. No caso dos que têm a consciência voltada para fora, as transações no século, que têm base verbal, na ausência dela, decerto desconcertar-se-iam. Pois, então, não há ser vivo consciente (*caitanyāviṣṭā jāti*) em que o sentimento de si mesmo e da alteridade (*svaparasaṃbodha*) não esteja associado à voz (*vāc*). Logo, não existe forma ativa da consciência (*citikriyārūpa*) que não tenha assumido os poderes da voz.

Outros dizem que a forma da essência da palavra é a mesma forma ativa da consciência. E assim disse [um deles]:

136. "QUE ASSUMIU CONFIGURAÇÃO
EXPANDINDO-SE PELA ADMISSÃO DA DIFERENÇA,
EM TODAS AS CIÊNCIAS (*VIDYĀ*), APENAS A VOZ (*VĀC*)
FOI TRANSMITIDA COMO ORIGEM ÚLTIMA;

137. SEM ULTRAPASSAR [-LHE] A UNIDADE,
COM A VOZ POR OLHO, A VOZ POR BASE,
APARECEM SEPARADAMENTE
AS DIVISÕES DA VOZ, VACAS ETC.;

---

305 Fonte desconhecida.

138. AQUELES QUE VENERAM A VOZ,
DE SEIS PORTAIS, SEIS SUPORTES,
SEIS ESTADOS DE CONSCIÊNCIA E SEIS IMPERECÍVEIS,
VÃO ALÉM DA MORTE."[306]

139. ASSIM COMO, NA DIVISÃO,
O AGENTE ATIVA-SE NA AÇÃO POR MEIO DELA [A VOZ] (*VĀC*),
DA MESMA MANEIRA, NA NÃO DIVISÃO,
APENAS ELA ESTÁ ALI COMO ALGO A REALIZAR.

Quando o *brahman*-palavra (*sabda-brahman*) se manifesta, dividindo-se na forma do que se vai realizar e dos meios para sua realização, as formas apreensíveis das divisões da palavra, então sujeitas às seis modificações do seres, agem, quando em estado de vigília, associando-se à natureza verbal da inteligência por meio dos modos de realizar executivo, transformativo e aquisitivo. No estado de não divisão, por seu turno, isto é, durante o sono etc., a palavra, então desprovida de diferença, sendo sua forma própria forma exterior, torna-se ativa naqueles mesmos três modos. Disse aquele autor:

140. "TENDO DIVIDO A SI POR SI,
PRODUZIDO OBJETOS (*BHĀVA*) VARIADOS,
SENHORA DE TUDO, FORMA DE TUDO,
[A VOZ] ATIVA-SE COMO O FRUIDOR NO SONHO."[307]

306 Fonte desconhecida.
307 Fonte desconhecida.

141. Assim como o constituinte próprio ou de outra coisa
é apresentado pela voz (*śruti*),[308]
dessa maneira ela se torna convencional,
pois o sentido é regulado por ela.

Alguns são do ponto de vista (*darśana*) de que todas as modificações são constituintes do si (*ātman*), e de que essa transformação reside dentro de cada pessoa e se manifesta como [algo] exterior. Mas é apenas por convenção que se fala em alguma coisa interior ou exterior, pois isso não é possível no caso de uma unidade ou da inexistência de uma corporeidade (*mūrtitva*). O ponto de vista (*darśana*) dos propositores do constituinte próprio (*svamātrāvādin*) é de que o mundo, que tem a forma de todos os estados de consciência e de todas as diferenças exteriores, é uma transformação da realidade original, una, da consciência.

Alguns dizem que a consciência se divide como fonte dos seres da mesma maneira que se extrai o suco da moagem de sementes de sésamo.

Já outros disseram que [ela se divide] da mesma maneira que do grande fogo saem fagulhas, do vento airoso, massas de nuvens, da pedra da lua,[309] diferentes correntes de água, da terra, as árvores *tala* e *sala*, das sementes de *nyagrodha*, as árvores *nyagrodha*, com seus galhos brotando para o chão. Tais exemplos representam o ponto de vista (*darśana*) dos propositores dos constituintes de outra coisa.

---

308 Aqui por *vāc*.

309 *Candra-kānta*, i.e., "amada da lua"; "pedra semipreciosa; segundo a convenção poética, essa pedra, nascida da solidificação dos raios da lua, umedece-se e começa derreter com o calor desse astro" (Pujol: s.v.).

Ambos os pontos de vista (*darśana*) devem ser abordados a partir de seus comentários de ciência (*vidyābhāṣya*).

"É apresentado pela voz", ou seja, pela palavra que reside dentro (*śabda antaḥsaṃniveśin*) [de cada um] e que tem a forma das experiências de alegria, tristeza etc., de diferentes maneiras em diferentes criaturas (*prāṇin*). Mesmo atirar pedras ou elas caírem se dá de acordo com o uso secular estabelecido pela prática.[310]

"Pois o sentido é regulado por ela." É a palavra que transforma o objeto em conceito [?] (*arthaṃ vikalpayati*) ou prepara-o [para o uso].

142. AINDA QUE A CAUSA SEJA COMPLETAMENTE DIFERENTE [?] (*ATATHĀBHŪTA*)
POR TER NA PALAVRA [ARTICULADA] (*ŚRUTI*) SUPORTE,
OBSERVA-SE, NO CASO DE UMA RODA DE FOGO ETC.,
A DEMARCAÇÃO DO FORMATO DUMA COISA (*RŪPĀKĀRANIRŪPAṆĀ*).

A palavra [articulada] (*śruti*) apenas é capaz de mostrar cada sentido residindo nela mesma como sua própria forma. É como se ela criasse cada objeto (*artha*). Tudo sempre reside nela como algo a veicular; a palavra [articulada] não depende de que uma coisa tenha ou não existência exterior, nem de que mude ou não. Assim, mesmo no caso de uma roda de fogo, o movimento da roda, que tem uma forma que preenche uma dimensão do espaço, [...] a palavra [articulada], à medida que vai se estabelecendo, tendo por trás de si o cultivo de formas [da palavra] que significam movimento, determina a significação

310 A frase é obscura, e o texto, de fato, parece corrompido; nem Subramanya Iyer nem Biardeau encontraram solução satisfatória. Sigo aqui Subramanya Iyer.

das palavras que fazem parte do uso comum, como "roda de fogo". Quando as sementes da palavra [articulada] se apresentam para a expressão, a forma da coisa, que foi imaginada com o auxílio da forma da palavra – ela mesma produzida por outra causa –, torna-se parte do conhecimento geral, mesmo nos casos em que predomina a inferência [?].

No caso de objetos, como o chifre duma lebre, que são ao mesmo tempo bem conhecidos e completamente inexistentes, é apenas a palavra articulada que produz o sentido, ordena-o, fixa-o em si mesma. E o mesmo se passa com os objetos da percepção. A unidade de sentido (*arthātman*), quer tenha ou não conexão com a [realidade exterior?], sempre reside nas palavras como seu significado (*abhidheya*). É, portanto, correto afirmar que o entendimento que resulta das palavras tenha, para cada um (*pratipuruṣam*), diferentes formas, segundo se molde às experiências de cada um, ao legado de cada um, quer o objeto em si mesmo exista, quer não.

143. Ademais, si do falante (*prayoktur ātmānam*),
a palavra que se acha dentro [dele],
não a chamam "o grande touro",
com que se busca conjunção (*sāyujya*)?[311]

Há duas entidades da palavra (*dvau śabdātmānau*), a fabricada e a eterna (*kārya, nitya*). A fabricada é aquela que figura na comunicação e que captura os reflexos da essência da palavra, que é o *puruṣa* eterno. Já a eterna é aquela que é origem de todas as transações seculares, na qual a seriação se reabsorveu, que

311 Alusão ao hino 10.164 do *Ṛgveda*, e ao *Mahābhāṣya* (*Paspaśā*) 3.15-22, em que se comenta esse hino.

reside dentro de tudo, que é a fonte de todas as modificações, o suporte de todas as ações, em que assentam o prazer e a dor; é aquela cujo poder nada impede; que, como uma luz confinada num vaso, aceita limitar-se de acordo com a experiência; que é a origem incomensurável de todas as formas, sempre a se manifestar em todos os estados de consciência e segmentações e que os reproduz no sono; é aquela a quem aderem poderes de geração e dissolução por meio dos modos de vir a existir e deixar de existir, como a chuva, um incêndio na mata; ela é a senhora de tudo, tem todos os poderes, ela é o grande touro-palavra (*mahant śabdavṛṣabha*). Nela, os conhecedores do *yoga* da palavra, tendo ceifado os laços do ego, incorporam-se sem nenhum traço de divisão. Disse [o vidente]:

> *Três cornos, três pés ele tem,*
> *duas cabeças, sete mãos ele tem;*
> *atado em três partes, o touro ruge:*
> *o grande deus toma possessão dos mortais.*[312]

144. PORTANTO, O APRIMORAMENTO DA PALAVRA (*ŚABDASAṂSKĀRA*)
É A AQUISIÇÃO DO SI SUPREMO (*SIDDHIḤ PARAMĀTMANAḤ*);
QUEM CONHECE A ESSÊNCIA DE SEU EMPREGO
DEGUSTA O NÉCTAR DE *BRAHMAN*.

A ascensão mundana (*abhyudaya*) está associada à preparação da essência da palavra numa forma definida pela correção; e à manifestação de um mérito específico por meio da remoção da contaminação das formas corruptas. Quando uma pessoa se torna versada no *yoga* da palavra por meio dessas práticas,

312 RV 4.58.3.

compreende corretamente essa intuição [*pratibhā*] – fonte da essência [primeira] (*tattvaprabhavā*), origem das seis modificações da existência (*bhāvavikāraprakṛti*), entidade (*sattā*) que concentra em si os poderes dos objetos a realizar e dos meios de realização – ela obtém a conservação (*kṣemaprāpti*) desse estado. Ele disse:

145. "SITUADO NA ESSÊNCIA DA VOZ (*VĀC*),
A QUAL SUPEROU A ATIVIDADE DO ALENTO,
TENDO COMPRIMIDO A SI NO SI
POR MEIO DA COMPRESSÃO DA SERIAÇÃO;
146. TENDO PURIFICADO A VOZ
E A DEPOSITADO NO ENTENDIMENTO,
CORTADO OS LAÇOS DELA,
FEITO DELA ALGO DE LAÇOS CORTADOS;
147. TENDO ALCANÇADO A LUZ INTERIOR,
(ELE), EM QUEM O CERCO DOS NÓS FOI CORTADO,
TORNA-SE UM, CORTADOS OS NÓS,
COM A LUZ DOS ÓRGÃOS DOS SENTIDOS."[313]

148. JAMAIS ALGUÉM ALCANÇA
O LEGADO (*ĀGAMA*) SEM AUTOR;
QUANDO TODO O LEGADO DESAPARECE,
COMO SEMENTE FICA APENAS A TRÍADE.[314]

Em todas as tradições teóricas, aceita-se a autoria humana dos discursos que pertencem aos *corpora* do Legado. Já os

313 Fonte desconhecida.

314 I.e., os três Vedas.

enunciados do Veda, assim como a consciência, não têm autoria humana. Quando os autores daquelas tradições herdadas desaparecem, os enunciados do Veda permanecem como germes para a composição de novas Tradições (*smṛti*).

149. MESMO QUANDO OS DISCURSOS DESAPARECEM,
QUANDO NÃO HÁ OUTROS AUTORES,
AS PESSOAS NÃO ABANDONAM O *DHARMA*
PROFERIDO NA REVELAÇÃO (*ŚRUTI*) E NA TRADIÇÃO (*SMṚTI*).

Assim como o que se disse antes acerca dos autores, aqui [também] se aceita que haja descontinuidade no que diz respeito aos discursos das Tradições (*āgama*).[315] Quando elas desaparecem, enquanto não surgem novos autores que componham novas Tradições, mesmo nesse ínterim, os eruditos não transgridem os atos prescritos pela Revelação e as regras acerca do que se deve comer etc., que são baseadas nas Tradições anexas.

150. SE O CONHECIMENTO É NATURAL, NÃO HÁ PROPÓSITO
ALGUM [QUE SE ALCANCE] PELAS DISCIPLINAS (*ŚĀSTRA*);
SE O *DHARMA* É A CAUSA DO CONHECIMENTO,
SUA BASE É A HERANÇA (*ĀMNĀYA*).[316]

Para quem aceita que se pode obter conhecimento sem instrução, haveria a consequência indesejável de que as disciplinas

315 Como sinônimo de *śruti*.
316 I.e., o Veda.

que servem a esse fim, proibindo o que é mau e ensinando o que é bom, se tornassem inúteis.

Ora, se numa pessoa, em virtude de algum mérito específico, surge esse conhecimento sem instrução, mas há gente que precisa ser ensinada pelas disciplinas de instrução (*śāstra*), então deve haver uma causa certa para o mérito que fez aquela pessoa especial; e outras causas desaparecem. Portanto, servindo, honrando a esse *dharma* que tem por base o Veda, os autores de diferentes discursos alcançam realizá-lo de muitas maneiras.

151. E o raciocínio (*tarka*) que não conflita com o Veda
e as disciplinas é o olho dos que não veem;
de fato, o sentido do enunciado não se estabelece
apenas a partir da forma.

O raciocínio promove o estabelecimento das partes dos sentidos das palavras que ocorrem nos enunciados do Veda (*āmnāya*). Ele serve para ajudar os que têm uma visão inferior (*arvāgdarśana*), por isso os antigos (*pūrva*) a adotam nas disciplinas da hermenêutica (*nyāya*)[317] etc., para cumprir essa função.

Sendo assim, deve-se seguir o raciocínio na medida em que não se oponha à disciplina em questão. Em todas elas vê-se mesmo muita coisa que vai além da raciocínio e que segue a fé.

Pois, então, qual o objetivo de afirmar a autoridade da tradição (*āgama*) [védica] seguindo o raciocínio? O correto entendimento dos enunciados védicos (*āgamavākya*). Elas, mesmo que tenham forma idêntica, apresentam diferentes poderes

317 O termo *nyāya*, ainda que isso pareça confuso, aqui denota a disciplina da Mīmāṃsā, a escola de exegese e hermenêutica dos Vedas.

devido a diferentes fatores auxiliares. Ora, aquele que entende o sentido dum enunciado apenas por meio de sua forma, sem observar a força do contexto, confunde-se em relação ao que se quis ou não expressar.

152. AUSÊNCIA DO DESEJO DE EXPRESSAR O QUE É, VISAR OUTRO SENTIDO,
MANIFESTAR O SENTIDO NUM SINAL,
ASSIM AS VARIADAS NORMAS
SÃO DIVIDIDAS PELO RACIOCÍNIO.

"Objeto é o que (s.) o agente deseja obter primordialmente";[318] "A descendência dele (m.)",[319] "Ele limpa o pote (s.) [do soma]".[320] "*Sampradānam* é aquele (m.) a quem se chega por meio da ação",[321] "Os que dependem (pres.) duma mulher estão como que mortos".[322] Em casos como esses ora há a intenção de expressar tempo, número, gênero, ora não há; por isso, a sistematização por meio de regras é dependente da raciocínio.[323]

---

318 A 4.1.12.

319 A 1.4.32.

320 Fonte desconhecida.

321 *Sampradāna* é relação abstrata que subjaz, e.g., o emprego do caso dativo, A 1.4.32.

322 Fonte desconhecida.

323 Os marcadores que pusemos nos exemplos (s., m., pres.) indicam o número, o gênero e o tempo das palavras empregados nas regras da Gramática e nas injunções e *arthavāda* do Veda. É preciso conhecer todo um aparato exegético para interpretá-los corretamente, atribuindo valores específicos ou gerais às formas . E.g., na regra "Objeto é o que o agente deseja obter primordialmente" (*kartur ipstatamam*

Ilustramos: [numa injunção como] "Ele deve falar assim que vir a estrela",[324] a visão da estrela serve apenas para indicar o tempo. Quando não se veem as estrelas, se o objetivo principal se realizar de outra maneira, contanto que se determine o tempo específico, a visão da estrela não se faz necessária, já que visa outro sentido. Quando se diz algo como "Guarda a coalhada dos corvos!", já que a intenção é proteger o alimento de contaminação, se não houver corvos, dever-se-á protegê-la dos cachorros e de outros bichos. Numa ordem como "Lave os pratos!", já que o objetivo é a limpeza dos utensílios usados na refeição, mesmo que não haja pratos, dever-se-á limpar os outros utensílios.

Quanto à manifestação do sentido com base numa indicação, [ilustramos]: num passo tal como "Ele ajunta pedrinhas untadas",[325] havendo a possibilidade de se utilizar qualquer substância [para untar as pedrinhas], obtém-se o entendimento específico a partir da indicação "Manteiga clarificada é a própria luz".[326] Um princípio hermenêutico como esse,

---

karma), a ideia em "o que deseja obter primordialmente" é expressa por uma forma no singular (*ipsitatamam*, superlativo do particípio passado passivo da conjugação desiderativa de *āp*, "obter"), mas isso não quer dizer que os objetos (diretos) nas orações apareçam ou devam aparecer apenas no singular. Esse tipo de raciocínio literal é a pedra de toque da interpretação gramatical e exegética, que formula pormenorizadamente os princípios que, baseados na forma literal dos enunciados, devem ser seguidos segundo as necessidades impostas pelos diferentes contextos de aplicação. Cf. a ilustração que o comentário apresenta em seguida.

324 MS 3.6.9.

325 TB 3.12.5.12.

326 TB 3.12.5.12/MS 2.1.7.

uma vez classificado pelo raciocínio, é então estabelecido como regra.

153. PODER NÃO MAIS QUE DAS PALAVRAS
É O RACIOCÍNIO QUE RESIDE NO SER HUMANO;
SEM BASE É A NORMA (*NYĀYA*) QUE SEGUE
A PALAVRA, PARA OS QUE NÃO POSSUEM LEGADO.

Apenas a palavra é que instrui. Os falantes, seguindo-lhe os poderes, agem por meio de sua intenção de expressar, que é, por sua vez, baseada numa palavra apropriada. Uma vez que a pessoa segue o poder da palavra especificado por seus objetivos, pelo contexto, pelas indicações e pelos enunciados, pensa-se que o raciocínio que reside nos seres humanos seja nada mais que um poder que depende da palavra.

Chama-se raciocínio estéril, sem base, ao que não assume a forma dos poderes da palavra correta, que segue a diferença ou a semelhança apenas superficialmente, uma vez que se torna causa de dano a todas as tradições de base védica. [Verifica-se esse tipo de raciocínio] em exemplos como estes:

154. "SE BEBER UM MONTÃO DE JARROS
BOJUDOS COR DE FIGO
NÃO LEVA AO CÉU, POR QUE ENTÃO
BEBÊ-LOS NO SACRIFÍCIO LEVA?"[327]

julgar-se que se deva falar em tâmil, quando se diz que se deve falar em palavra correta [etc.].

327 Fonte desconhecida. Citado também no *Nirukta* e no *Mahābhāṣya*.

155. ASSIM COMO SE OBSERVA QUE AS CORES ETC.
TÊM PODERES RESTRITOS EM CADA OBJETO (*ARTHA*),
DA MESMA MANEIRA AS PALAVRAS,
NA REMOÇÃO DE VENENO ETC.

Dá-se essa explicação apenas para reforçar a confiança na tradição (*śāstra*) daqueles que já aceitam, com base nela mesma, que a elevação mundana acontece quando há conhecimento ou emprego [da palavra correta] precedido do conhecimento da Gramática.

Aqui, aceita-se que toques, cheiros, sabores e cores,[328] quer se encontrem reunidos ou individualmente, possuem em cada objeto poderes restritos, cujos efeitos são ora visíveis, ora invisíveis. Têm efeitos visíveis plantas, venenos, ímãs, árvores etc.; invisíveis, o vinho, a água benta[329] etc. Quando se enunciam certas palavras, obtém-se também um efeito visível, como a remoção dum veneno. Já pela repetição de mantras, alcança-se um efeito específico que não se pode observar.

156. ASSIM COMO AÍ ELAS TÊM EFICÁCIA,
DEVE-SE ENTENDER O MESMO NO QUE CONCERNE AO *DHARMA*.
POR ISSO, DEVEM FALAR COM [PALAVRAS] CORRETAS
OS CORRETOS, QUE ALMEJAM ASCENSÃO MUNDANA.

O fato de que cada palavra possui certos poderes de efeitos invisíveis decorre apenas do Legado (*āgama*). No contexto do Legado, é imperioso considerar a palavra correta como um

---

328 As diferentes categorias de objetos sensíveis.

329 Com que se lava a imagem da divindade e que depois se distribui à congregação, em certos ritos indianos.

meio para a realização do *dharma*. Portanto, uma vez aceita como inquestionável a Revelação que os eruditos reconhecem em suas práticas numa cadeia ininterrupta de transmissão, os que almejam a ascensão mundana devem empregar nas transações do século apenas a palavra correta.

157. CADA UM APREENDE DO LEGADO
OBJETOS (*ARTHA*) DE EFEITOS INVISÍVEIS;
A PROPÓSITO DO LEGADO,
É SEMPRE POSSÍVEL DIZER O OPOSTO.

A esse respeito, questionaram uns: a eficácia das palavras, se está presente para a remoção de veneno etc., por que não é reconhecida para causar *adharma*?[330] Com base nessa mesma analogia, há de haver a possibilidade do efeito oposto! Quando se levanta uma tal objeção, respondemos:

Em todos os ensinamentos relativos à aquisição de efeitos invisíveis, é possível que o resultado [indesejável] seja o efeito oposto [ou colateral]. Portanto, quando se aceita a autoridade desta ou daquela tradição, achando-se ela bem estabelecida, qualquer justificativa que se dê serve para reforçar a aquisição [de tais efeitos].

158. ESTA TRADIÇÃO DA GRAMÁTICA (*VYĀKARAṆASMṚTI*)
TEM POR DOMÍNIO O CONHECIMENTO PARA A CORREÇÃO;
ESTÁ CONTINUAMENTE NAS MÃOS DOS ERUDITOS
A COMPOSIÇÃO DA TRADIÇÃO.

Assim como estão estabelecidas tradições relativas ao que se deve ou não comer, com quem se deve ou não deitar, o que se

330 O oposto de *dharma*, o demérito, falta sociorreligiosa.

deve ou não dizer, nem os eruditos transgridem a conduta que lhes está subordinada, da mesma maneira está estabelecida a Tradição chamada *vyākaraṇa*, "Gramática", que trata em especial do que se deve ou não dizer.[331] Ora, esse conteúdo herdado (*smṛta artha*) tem sido composto e ordenado continuamente numa tradição ininterrupta (*pāraṃparyāviccheda*). No caso de uma tradição de práticas bem conhecidas, mas sem base textual, a transmissão dá-se apenas pela prática ininterrupta dos eruditos (*śiṣṭasamācārāviccheda*).

159. ARTICULADA, INTERMÉDIA
E VIDENTE, A VOZ TRIÁDICA
EM QUE DIFEREM INÚMERAS VIAS,
DELA ESTE É O MARAVILHOSO, SUPREMO POSTO.

Articulada (*vaikharī*) é a forma sonora da palavra, que é sensível aos outros e se fixa como objeto da audição. É tanto indistinta quanto enunciada por meio de fonemas distintivos; pode tanto ser gramatical (*prasiddhasādhubhāvā*) quanto agramatical (*bhraṣṭasaṃskārā*). Ela tem inúmeras formas, como "A que há no eixo [de uma carroça, por exemplo], num tambor, numa flauta, numa *vīṇā*".[332]

Intermédia (*madhyamā*) é aquela que reside dentro de cada um e que se apreende apenas pelo intelecto (*buddhimātropādānā*), como se tivesse assumido forma serial. Ela é acompanhada do modo sutil da respiração.

Para alguns, mesmo havendo a reabsorção da seriação, é como se ela tivesse assumido o modo distinto da respiração.

---

331 Em termos de gramaticalidade.

332 MS 3.6.8.

Vidente (*paśyantī*) é aquela em que a seriação se reabsorveu completamente, mas que, mesmo na total indiferenciação, ainda a possui *in potentia* (*samāviṣṭakramaśakti*). Ela ora é flutuante, ora está em repouso; ora é contaminada, ora é pura; ora residem nela as formas dos objetos cognoscíveis, ora essas formas nela se dissolvem, ora não há qualquer forma nela; ora os reflexos dos objetos nela se mostram distintamente, ora nela se dissolvem, ora cessam completamente. Tais são suas inumeráveis formas.

Do que foi dito, uns consideram que a separação das formas corretas das incorretas, em todos os estágios da palavra que figuram na comunicação, é um meio de aperfeiçoamento do ser humano (*puruṣasaṃskārahetu*). Porém, a forma última da vidente (*paraṃ paśyantyā rūpam*) é incorrupta, sem mistura, transcende a comunicação (*vyavahārātīta*). Já outros têm por tradição que essa forma última é adquirida concentrando-se na palavra apenas ou por meio do *yoga* da palavra (*śabdapūrva yoga*) apropriado para conhecer as formas corretas.

Já nos Itihāsa encontram-se indicações [sobre o que foi exposto]:

160. "COMO UMA VACA, UMA DÁ LEITE (*RASA*),
SUPREMAMENTE BELA,
A DIVINA LÍNGUA (*BHARATĪ*) NUMA FORMA DIVINA,
VACA DE BRILHANTE SORRISO;

161. VÊ A DIFERENÇA ENTRE AS DUAS,
SUTIS, PALPITANTES!
ENTRE O ALENTO QUE SOBE E O QUE DESCE
DE CADA UM UMA SEMPRE ESTÁ;

162. MAS A OUTRA, SEM SER POSTA EM MOVIMENTO,
CORRE SEM O ALENTO;
POIS DELA NASCE O ALENTO,
QUE DE NOVO INSUFLA A VOZ;
163. INSUFLADA PELO ALENTO, ELA ENTÃO
É A LIGA DA COMUNICAÇÃO;
TENDO ALCANÇADO A EXPIRAÇÃO DE CADA UM,
A VOZ NÃO FALA MAIS;
164. COM SOM, SILENCIOSA,
E SEM SOM ELA ATUA;
E DAS DUAS, A SEM SOM
TEM MAIS PESO QUE A COM SOM."[333]

E disse mais:

165. "ASSUMINDO A FORMA DOS FONEMAS
QUANDO O AR SE ABRE NOS PONTOS [DE ARTICULAÇÃO],
A VOZ ARTICULADA (*VAIKHARĪ VĀK*) TEM POR BASE
O FLUXO DO ALENTO DOS FALANTES;
166. APENAS IMITANDO A FORMA SERIAL
DA RECEPÇÃO (*UPĀDĀNA*) DO INTELECTO,
PARA ALÉM DO FLUXO DO ALENTO,
É A VOZ INTERMÉDIA (*MADHYAMĀ VĀK*) QUE ATUA;
167. JÁ A VIDENTE (*PAŚYANTĪ*) NÃO TEM DIVISÃO,
SUA SERIAÇÃO É SEMPRE COMPRIMIDA,
LUZ DE SUA FORMA PRÓPRIA, A VOZ
SUTIL DE DENTRO, QUE NÃO SE ESVAI;

---

333 **MBh 14.21.17, 18 e 14-16.

168. CHEIA DE NÉCTAR,
ELA NUNCA É POR IMPUREZAS INCIDENTAIS,
COMO A ÚLTIMA FASE DA LUA,
COMPLETAMENTE DOMINADA;
169. AQUELA NA QUAL, VISTA SUA FORMA PRÓPRIA,
CESSA A PRERROGATIVA
DIZEM QUE É A PARTE IMORTAL
NO HOMEM DE DEZESSEIS PARTES;
170. AINDA QUE ECLIPSADA SUA FORMA,
A ARTICULADA (*VAIKHARĪ*) NÃO É CONTAMINADA
PELAS DISTORÇÕES ADERENTES, ASSIM COMO
A MERA EXISTÊNCIA NÃO O É PELOS ATRIBUTOS."[334]

Essa voz tripartida (*trayī vāk*), cuja medida não se pode referir – assim como as diversificações das formas da consciência (*caitanya*) –, apenas um quarto dela se manifesta entre os homens. Apenas uma parte dela é comunicacional (*vyāvahārika*), já outra transcende a comunicação geral (*sāmānyavyavahārātīta*). Disse, com efeito, [o vidente]:

A palavra se divide em quatro estádios (pada),
os brâmanes cultivados os conhecem;\
três estão escondidos numa caverna (guhā),[335] *nada movem;*
o quarto é o que o homem fala.[336]

334 Parece ser referência aos *guṇa* da escola Sāṃkhya: *sattva*, *rajas* e *tamas*, os três atributos de *prakṛti*, a matéria ou natureza primordial, associados, respectivamente, às potências de iluminar (manifestar), atuar e deter (restringir). Descrito na *Sāṃkhyakārikā* 12 e 13.

335 Provavelmente metáfora para o coração como sede do entendimento.

336 RV 1.164.45.

Essa forma não misturada da voz está em completa dependência do sistema de regras chamado "Gramática" (*lakṣaṇa vyākaraṇākhya*), que possui regras gerais e particulares. No caso dos homens de visão ordinária (*arvāgdarśana*), os poderes [da palavra] normalmente se apresentam como possuindo excelências, criando obstáculos ou possuindo defeitos, mas o meio seguro para aquisição da palavra correta – meio esse que tem muitos caminhos – foi indicado [pelos mestres] por meio das regras gramaticais e de suas extensões.

171. ELA [A GRAMÁTICA] POR MEIO DA DIVISÃO E DA NÃO DIVISÃO
ACHA-SE PRATICADA;
JÁ OS QUE CONHECEM A ESSÊNCIA DOS OBJETOS
VEEM OS PODERES DAS PALAVRAS.

Chama-se "divisão" (*vibhāga*)[337] à divisão de base, afixos etc. que se postula com vistas à explicação (*pratipādana*).

Ilustramos: "Depois da raiz [verbal]",[338] [anexam-se] "Os sufixos da série *tavya*".[339] Diz-se ademais: "Pāṇini ensina por meio de uma regra geral tanto quanto se pode ensinar".[340]

Já "não divisão" (*avibhāga*)[341] é quando se enuncia, [numa explanação], a própria forma da palavra. Ilustramos: "*dadharti, dhardharti*",[342] "*daśvan, sahvan*".[343]

---

337 Separação, análise.

338 A 3.1.91.

339 A 3.1.96.

340 MBhāṣ 1.113.10-11.

341 Não separação; enumeração.

342 A 7.4.6.5. A regra arrola formas verbais irregulares de 3ª p.s.

343 A 6.1.12. A regra arrola adjetivos de sufixação irregular.

Algumas gramáticas, que contêm muitas dessas formas não analisáveis, explicam-nas mostrando. Outras, analisando-as, dão explicação para largos conjuntos de formas.

A Tradição gramatical se estabelece desta ou daquela maneira de tempos em tempos, de acordo com os poderes dos homens. Por outro lado, há eruditos, reconhecíveis pelo emprego da palavra correta, que possuem uma luz interior que não se restringe aos objetos da cognição (*sarvajñeyeṣv apratibaddhāntaḥprakāśāḥ*). O poder das palavras que se limita parcialmente pelo tempo, eles veem-no diretamente (*avyabhicareṇa*) no seu *status* de meio de realização (*sādhana*) tanto do *dharma* como do *adharma*.

172. Sem começo, ininterrupta,
dizem que é a Revelação, sem autor (*akartṛka*);
em [contínua] composição pelos eruditos,
a Tradição, por seu turno, não é interrompida.

Os [eruditos] que vão pela autoridade da palavra pensam que todo ponto de vista[344] (*darśana*) humano fundado nas disciplinas de instrução não tem autoridade nas coisas cujos efeitos não se podem ver, uma vez que há aí a possibilidade de questionamento. Para eles, ainda que Revelação e Tradição não difiram no que concerne à continuidade (*avicceda*) e que o conteúdo de ambas seja eterno (*arthasya nityatva*), é a Revelação – que não se modifica se a sequência dos fonemas se modifica, não se restringe no tempo e no espaço, não foi em momento algum estabelecida de qualquer outra forma por nenhum

344 Como opinião, julgamento ou avaliação.

autor (*kartṛ*) – que em todos os tempos, lugares e grupos de praticantes se encontra sempre igual. Já a Tradição, que tem sim conteúdo eterno e contínuo (*nitya avicchidyamāna artha*), é composta por aqueles mesmos eruditos, de tempos em tempos, de diferentes maneiras, em prosa, verso, em forma de sentenças etc. (*gadya, śloka, vākya*).

Nesse contexto, pensam alguns mestres que nenhum ato é, por natureza, faltoso ou não faltoso, que a manifestação do *dharma*, "mérito", vem de atuar o conteúdo do *śāstra*, não dele apenas, em isolamento; e o impedimento, de transgredi-lo. Por exemplo, acerca de atos tais como matar um brâmane etc., o *śāstra* dispõe que, num caso, há queda, noutro, elevada ascensão [espiritual] (*prakṛṣṭābhyudaya*).

Outros pensam que a instrução tradicional apenas dá expressão ao que a coisa num domínio específico já possui. O que o *śāstra* ganharia em causar dano ao homem ou favorecê-lo? Estaria ele brincando? É mais cabível aceitar que é da própria natureza das substâncias [causar dano ou favorecer] e não da natureza do *śāstra*. Ilustramos: em tradições como a do tratamento médico etc., que produz resultados visíveis, a capacidade de produzir o efeito desejado é algo que se verifica nas substâncias, venenos, ervas etc., não nos tratados [de Medicina] (*smṛtiśāstra*). Portanto, da mesma maneira que a tese supracitada (*pakṣāntara*) dava proeminência à natureza do *śāstra*, aqui é dada proeminência à natureza da substância evidenciada pelo *śāstra*.

As causas de dano e favorecimento estão estabelecidas continuamente no século, e o mesmo sucede com o estabelecimento dos meios de alcançá-las.

173. NAQUELES QUE SE EXPANDIRAM A PARTIR DO INDIVISO,
A VISÃO (*ABHIKHYĀ*) DA REVELAÇÃO É COMO EM SONHO;
TENDO ENTÃO CONHECIDO A ESSÊNCIA DOS OBJETOS (*BHĀVA*),
ESTABELECEM ELES A TRADIÇÃO A PARTIR DE SINAIS.

No verso anterior afirmou-se o caráter do surgimento da Revelação e da Tradição segundo o ponto de vista (*darśana*) daqueles que entendem que o mundo sempre surge como algo dividido, que não há *manvantara-s*[345] ou *yuga-s*,[346] nem uma divisão especial do *brahman* em dias e noites.

Aqueles que entendem que há uma causa (*kāraṇa*) primeira, eterna, que procede assumindo a forma dos indivíduos nos modos de vigília e sono, dão testemunho da seguinte tradição: – Alguns videntes (*ṛṣi*) se diversificam no estado de *pratibhā*.[347] À medida que vão divisando essa grande entidade caracterizada por existência apenas (*sattālakṣaṇa mahant ātman*), que é a fonte da insciência, nela se fundem por meio duma iluminação [redentora] (*pratibodha*). Outros, por seu turno, diversificam-se no estado de conhecimento (*vidyā*). Estes fundem-se na entidade já associada à mente (*manograthi ātman*), mas que é

345 Ciclo de tempo de cerca de 4.320.000 de anos ao final do qual ocorre a dissolução do Universo, seguida de sua manifestação. Cf. Monier-William e Pujol, s.v.

346 A sequência de quatro eras ou idades – *kṛtayuga*, *tretayuga*, *dvāparayuga* e *kaliyuga* – que se repete 71 vezes dentro da cada *manvantara*; à sequência dos *yuga* também corresponde uma duração cada vez menor de tempo e uma piora cada vez mais acentuada das condições de vida da humanidade, ideia que se assemelha à das idades do homem (ouro, prata, bronze e ferro) que se encontra na cultura grega antiga; cf. Monier-William e Pujol, s.v.

347 Aqui talvez signifique "no estado imaterial de pura consciência".

pura e livre de conceitualizações [?] (*anibaddhaparikalpa*) relativas aos elementos como o éter etc., quer sejam tomados em conjunto ou em separado. Sua atuação no século ser baseada na insciência é algo incidental e secundário, visto que eles consistem de conhecimento (*vidyātmakatva*) sempre, essencial e primordialmente. Assim como durante o sono ouvimos sons que não nos chegam pelos ouvidos, eles veem todas as tradições (*āmnāya*), tanto as que estão associadas a todos os poderes de diferenciação quanto as que não estão, apenas por meio de sua sabedoria [inata?] (*prajñā*). Destes, uns, depois de identificar a natureza danosa ou favorável ao homem desta ou daquela ação, e de observar em passagens dos textos revelados as indicações a elas relativas, compõem a Tradição (*smṛti*) de propósitos visíveis e invisíveis. Já a Revelação (*śruti*), primeiro não manifesta e mais tarde na forma de diferentes escolas, eles a transmitem de acordo com seu ponto de vista (*yathādarśanam*), [ainda que] sem qualquer desvio de som (*avyabhicaritaśabdā*).[348]

174. Aquelas impurezas encontradas
no corpo, no intelecto e na voz,
a purificação delas se faz
pelas disciplinas da Medicina, do si e da Gramática.

Quando se observa a tendência à doença no corpo e a capacidade de preveni-la em ervas e mantras, empreende-se a disciplina médica (*cikitsāśāstra*); quando se compreendem as afecções

348 A expressão responde à particularidade de os Vedas serem transmitidos oralmente.

da mente, a paixão etc., compõem-se as disciplinas acerca do si (*adhyātmaśāstrāṇi*), que são um meio de conhecer as causas delas. Da mesma maneira, para fazer conhecer as formas corretas, que purificam a palavra, e remover as formas corruptas, que são danosas, empreende-se a disciplina da Gramática (*lakṣaṇa*).

Qual é a natureza disso a que se chama *apabhraṃśa*, "[forma] corrupta"?

175. A PALAVRA SEM APRIMORAMENTO
QUE SE QUER USAR PARA DIZER *GAUḤ*, "VACA",
CONSIDERAM-NA UM DESVIO
QUANDO INDICA UM SENTIDO DIFERENTE.

Diz o autor do *Saṃgraha* que "o *apabhraṃśa* se origina a partir da [forma] correta". Ele não é a origem, alguma coisa independente: a [forma] correta é a origem de todas as corruptas. Algumas delas, à medida que se vão tornando bem conhecidas pelo uso, adquirem certo tipo de autonomia (*svātantrya*).

O que ocorre é que, seja por incapacidade, seja por descuido etc., empregam-se, quando se deveria empregar [a palavra] *go*, [palavras] como *gāvī*, *goṇī*, *gopotalikā*[349] etc., que se originam dela. Se elas tomam forma com referência à criatura que tem papada etc.,[350] então perdem sua correção. Mas se usadas noutro sentido, são consideradas corretas, pois sua incorreção não depende apenas da forma.

349 Exemplos de formas – que hoje chamaríamos dialetais – citadas no *Mahābhāṣya*.

350 I.e., à vaca.

176. AS PALAVRAS *ASVA*, *GOṆĪ* ETC.
SÃO CORRETAS NOUTRO CASO:
A CORREÇÃO SE ESTABELECE EM CADA CASO
POR CAUSAS DIFERENTES.

Quando *goṇī* é usada no sentido de "jarro" e *asva*, no sentido de "que não tem o seu", (por exemplo, "que não tem dinheiro")", ambas são corretas. Quando [essas mesmas palavras], que já possuem correção noutro contexto, são empregadas, por alguma outra razão, com referência à criatura que tem papada e à que relincha,[351] são também consideradas corretas. Por exemplo, diz-se "essa vaca é como um jarro (*goṇī*)" ou "essa vaca é um jarro (*idem*)", porque carregar muito leite é alguma coisa compartilhada por ambos na sua função de recipientes; *a-sva* significa algo em que o que é "seu" (*sva*) inexiste (*a*), daí dizer-se "esse cavalo não tem o que é seu".[352] Portanto, não há uma coisa definida, dissociada dum fator [específico], na qual a correção ou a incorreção (*sādhutva*, *asādhutva*) resida de maneira estável.

177. OS [DESVIOS] SÃO, POR INFERÊNCIA, A CAUSA
DE PRODUÇÃO DA COGNIÇÃO DAS [PALAVRAS] CORRETAS;
COMO SE TIVESSEM SE TORNADO IDÊNTICOS,
SÃO ILUMINADORES DOS SENTIDOS DAS PALAVRAS [CORRETAS].

As [formas] corruptas, quando usadas no contexto das corretas – assim como o piscar dos olhos etc., elas se tornam conhecidas como se sua forma própria tivesse sido capturada

---

351 I.e., à vaca e ao cavalo.

352 Talvez signifique que não tem qualquer adereço, enfeite; ou mesmo prendas, qualidades.

por meio da prática –, veiculam o sentido através das corretas (*sādhupranāḍikyā*).

Este verso foi inserido aqui para afirmar que não há veiculação direta do sentido (*sākṣād abhidhāna*).

Mas então por que palavras como *gāvī*, *goṇī*, *gopotalikā* não são consideradas sinônimas (*paryāya*) de *go*? Em casos como esses, que são dependentes da Tradição, não há mesmo outra razão além do fato de o termo ser ou não bem conhecido na prática dos eruditos. Se [palavras] como *gāvī* etc. fossem sinônimas de *go*, os eruditos as estudariam na Gramática e as empregariam.

[Forma] correta é aquela que avança diretamente para os sentidos desejados. Já pelas [formas] incorretas, a forma desejada do sentido é veiculada de maneira indireta (*asākṣāt*).

Por isso disse [o autor]:

178. Uma vez que as [palavras] corretas não são estudadas
pelos eruditos como sinônimos [dos desvios]
na disciplina da Tradição, eles
não expressam de maneira direta.

Este é o verso cujo teor explicamos antes.

179. Assim como uma criança aprendendo
a falar diz "mamãe, mamãe"
indistintamente, e os que a [palavra] conhecem têm,
por meio dela, certeza da distinção,

A criança, mesmo se esforçando, emprega uma forma indistinta (*avyaktā śruti*) quando deseja empregar uma correta, em virtude de uma deficiência que afeta apenas os órgãos [de fala] (*karaṇamātraśaktivaikalya*). Os ouvintes (*pratipattṛ*) então determinam a palavra distinta (*vyakta śabda*) que é a origem daquela. Eles consideram que o que a criança disse está associado com o sentido, não que seja uma [forma] corrupta.

180. DA MESMA MANEIRA, O DESVIO QUE SE USA
QUANDO SE DEVE USAR A [PALAVRA] CORRETA,
COM A INTERFERÊNCIA DELA [DA PALAVRA CORRETA],
ELE VEICULA ALGUM SENTIDO.

No tempo em que a voz se acha corrompida (*saṃkīrṇāyāṃ vāci*),[353] empregam-se formas desviadas (*apaśabda*) no lugar das corretas. Por meio delas, os eruditos, conhecedores da Gramática, logram conhecer as [formas] corretas: eles enxergam o sentido apenas quando veiculado por meio delas. Já para outros, é a [forma] incorreta que serve à inferência da correta, como se do fogo se inferisse a fumaça.

181. UMA VEZ QUE, POR TRANSMISSÃO,[354]
OS DESVIOS SE FIXARAM
ENTRE OS FALANTES DEFICIENTES (*VIGUṆA ABHIDHĀTṚ*),
PARA ELES, [A PALAVRA] CORRETA NÃO É [DIRETAMENTE]
EXPRESSIVA (*VĀCAKA*).

À medida que foram sendo repetidamente empregadas por mulheres, *śūdra* e *caṇḍāla*, as [formas] corruptas se difundiram tanto entre os falantes descuidados que a atividade [verbal]

353 I.e., toda manifestação verbal.

354 I.e., tradição oral.

apenas por meio delas é cada vez mais corrente. (Hoje em dia, quando o emprego duma [forma] correta gera dúvida, determina-se o sentido por meio da forma que é a corrupção dela.) Acham mesmo que a [forma] incorreta expressa diretamente o sentido, e estabelecem a correta via inferência.

182. A DIVINA VOZ (*VĀC*) SURGE AQUI MISTURADA
POR CAUSA DE FALANTES INCAPAZES (*AŚAKTA*).
JÁ OS DO PONTO DE VISTA DA NÃO ETERNIDADE [DA VOZ]
TÊM, NESTE DEBATE, A OPINIÃO OPOSTA.

Ora, diz-se que, outrora (*purākalpa*), a palavra dos homens – que tinham então o corpo luminescente (*svaśarīrajyotis*) – assim como não estava misturada com mentiras etc. (*anṛtādi*), da mesma maneira não estava misturada com nenhuma [forma] corrupta. Tornando-se misturada em virtude de se lhe aderirem impressões provocadas pela reiteração de faltas pregressas (*pūrvadoṣābhyāsa*), com o tempo ela se tornou a verdadeira natureza (*prakṛti*) desses falantes.[355]

Os propositores da não eternidade da palavra não reconhecem as [formas] corretas como causa de mérito (*dharmahetutva*). Eles consideram que a fixação de [formas] corretas e incorretas é semelhante a uma convenção entre lutadores etc. (*mallasamayādisadṛśī*), e dizem que o conjunto de [formas] corretas é o que é por natureza; que sua separação só é estabelecida mais tarde, determinada por gente confusa (*saṃbhinnabuddhi*),[356] com base em derivação, acento etc. (*svarasaṃskārādi*).

355 I.e., os deficientes.

356 Neste caso, os gramáticos.

183. Pela continuidade de ambas [as palavras],
uma palavra que é usada
com o desejo de expressar outra palavra
não veicula o sentido.

Aqueles para quem não houve – em tempos de outrora nem em qualquer tempo – divina voz sem mistura (*daivī vāk asaṃkīrṇā*), mesmo para eles essa fixação relativa às [formas] corretas e incorretas é transmitida ininterruptamente pelos eruditos, assim como o é aquela relativa a com quem se deve ou não deitar etc.

Quando há o desejo de expressar a palavra X, como no caso da fala infantil, tanto uma palavra comum como uma incomum, mesmo se empregadas no sentido desejado, não expressam o sentido diretamente. Nesse caso, ou o entendimento (*pratipatti*) do sentido surge por interferência da [forma] correta, ou surge apenas um entendimento aproximado (*saṃpratyaya*) pela repetição de falantes descuidados, como no caso do piscar dos olhos.

FIM DA SEÇÃO DO *BRAHMAN* DO *VĀKYAPADĪYA*, DE BHARTṚHARI

SOBRE O LIVRO

Formato: 14 x 21 cm
Mancha: 23 x 44 paicas
Tipologia: Venetian 301 12,5/16
Papel: Pólen Soft 80 g/m² (miolo)
Cartão Supremo 250 g/m² (capa)
1ª edição: 2014

EQUIPE DE REALIZAÇÃO

Edição de texto
Tulio Kawata (Preparação de original)
Fábio Bonillo (Revisão)

Capa
Megaarte Design

Editoração eletrônica
Eduardo Seiji Seki

Assistência editorial
Jennifer Rangel de França

GRÁFICA PAYM
Tel. (11) 4392-3344
paym@terra.com.br